ニチガクの
家庭学習支援

Web学習サポートサービス

こんなこと…ありませんか?

「ニチガクの問題集…買ったはいいけど、、、
この問題の教え方がわからない（汗）」

メールでお悩み解決します!

☆ ホームページ内の専用フォームで必要事項を入力!

☆ 教え方に困っているニチガクの問題を教えてください!

☆ 確認終了後、具体的な指導方法をメールでご返信!

☆ 全国どこでも! スマホでも! ぜひご活用ください!

<質問回答例>

 学習のポイント

推理分野の学習では、後の学習に活きる思考力を養うことができます。ご家庭で指導する場合にも、テクニックによらず、保護者の方が先に基本的な考え方を理解した上で、お子さまによく考えさせることを大切にして指導してください。

Q.「お子さまによく考えさせることを大切にして指導してください」と学習のポイントにありますが、考える習慣をつけさせるためには、具体的にどのようにしたらいいですか?

A. お子さまが考える時間を持てるように、質問の仕方と、タイミングに工夫をしてみてください。
たとえば、「答えはあっているけど、どうやってその答えを見つけたの」「答えは○○なんだけど、どうしてだと思う?」という感じです。はじめのうちは、「必ず30秒考えてから手を動かす」などのルールを決める方法もおすすめです。

まずは、ホームページへアクセスしてください!!

http://www.nichigaku.jp 　日本学習図書　　検索

目指せ！合格！ 家庭学習ガイド
お茶の水女子大学附属小学校

制　作　　個別テスト　　口頭試問　　行動観察　　保護者面接

入試情報

応　募　者　数：男子 1,134 名／女子 1,595 名
出　題　形　態：ノンペーパー
面　　　　　接：保護者
出　題　領　域：口頭試問（個別）、制作、行動観察　など

入試対策

以前は上記の内容に加え「運動テスト」が課されていましたが、2016 年度以降の入試からは行われていません。応募者数は前年とほぼ変わらずで、2,600 名近くの応募者が、第 1 次検定の抽選によって男女各 210 名程度に絞られています。1 次抽選終了後に、そのまま 2 次検定の手続きが行われ、翌日から 2 次検定（A グループ 1 日目、B グループ 2 日目、C グループ 3 日目）という流れで実施されています。2 次検定合格者発表後は、同日に 3 次検定（抽選）を行った後、最終入学候補者が決定されます。このように、当校では、すべての検定が非常に短い日程で実施されるため、「1 次抽選に合格したら試験対策を考える」ということが通用しないのが実情です。

●当校の入試は、例年、口頭試問、制作、行動観察という内容で実施されており、グループ形式、あるいは個別形式で、お子さまのふだんの姿を観るような内容となっています。高い学力が必要となる難しい出題はなく、「集団でゲームをする」「遊具で自由に遊ぶ」「質問に口頭で答える」といった考査が中心になります。

●保護者面接では、近年、突っ込んだ質問も多くなっています。型通りの準備だけでなく、その場に応じた答えができるようにしておきましょう。

●複合的な出題の多い当校の入試は、「この分野を勉強しておけば大丈夫」ということはありません。「行動観察」「口頭試問」対策を中心に、幅広い分野からの出題を意識した学習を行いましょう。

必要とされる力 ベスト6

特に求められた力を集計し、左図にまとめました。
下図は各アイコンの説明です。

チャートで早わかり！

（レーダーチャート：集中・創造・協調・考え・聞く・観察）

アイコンの説明	
集中	集　中　力…他のことに惑わされず 1 つのことに注意を向けて取り組む力
観察	観　察　力…2 つのものの違いや詳細な部分に気付く力
聞く	聞　く　力…複雑な指示や長いお話を理解する力
考え	考える力…「〜だから〜だ」という思考ができる力
話す	話　す　力…自分の意志を伝え、人の意図を理解する力
語彙	語　彙　力…年齢相応の言葉を知っている力
創造	創　造　力…表現する力
公衆	公衆道徳…公衆場面におけるマナー、生活知識
知識	知　　　識…動植物、季節、一般常識の知識
協調	協　調　性…集団行動の中で、積極的かつ他人を思いやって行動する力

※各「力」の詳しい学習方法などは、ホームページに掲載してありますのでご覧ください。http://www.nichigaku.jp

「お茶の水女子大学附属小学校」について

＜合格のためのアドバイス＞

かならず読んでね。

　本校は、入学試験が首都圏でも遅い時期に行われます。通学可能エリアが東京23区全域と広いこともあり、多くの志願者が集まります。倍率は男女ともに高く、ここ数年、男子は40倍程度、女子は60倍程度となっています。検定は月齢別の3グループに分けて実施されます。

　出題内容はグループによって若干異なりますが、観点は共通しています。口頭試問では、具体物を使用した推理（比較）の問題やパズルの問題、またお子さまの嗜好から常識までを幅広く問う質問が出されました。お話作りの問題も、例年出題されています。総合的に、お子さまの自主性・判断力を観察する傾向があります。また、全体を通して約3時間という長丁場では、子どもの緊張感が持続しにくく、周りの受験者に状況を左右されるという事態も生じてくるため、体力と集中力の持続、そして精神的自立が要求されます。

　また、当校の附属幼稚園では「自由保育」を実践しています。ここでは、園児が、何に取り組むのか自分自身で決定することが求められます。そのような教育を受けた園児は、自立心が強く、自分の意見をはっきりと述べることができると考えられます。小学校からの入学者にも、そうした卒園児と交わり、彼らと遜色ない行動をとることを求めているとすれば、入学検定において志願者をどのような観点で選んでいるかは、おのずと見当がつくでしょう。志願者の課題への向き合い方、取り組み方、他者との関わり方などを通じて、自主性や社会性が観られていると考えられます。

　こうした試験への対策は、一朝一夕に身に付けることは困難です。日常生活そのものが評価の対象になると考え、早めの改善を心がけてください。まずは、保護者が規範意識を持ち、お子さまに対してよいお手本を示すことが非常に重要です。また、第2次検定中の保護者面接では、主に教育方針や、子どもがトラブルに関わった際の子どもへの対応について質問されています。当校の志願の際、保護者の方々は、必ず学校説明会に参加し、当校の教育方針、研究実践について理解を深めてください。

　本年度の入試の第1次検定抽選後に実施される保護者アンケートでは、「地球環境を守るためにご家庭で行っている取り組みは何ですか。お子さまはどのように参加されていますか（400字）」という質問への記述が求められました。

〈2020年度選考〉

- ●口頭試問（個別）
- ●工作・巧緻性（個別）
- ●行動観察（集団）
  集団制作　など
- ●面接（保護者／10分程度）

◇過去の応募状況

2020年度	男1,134名 女1,595名
2019年度	男1,040名 女1,534名
2018年度	男1,111名 女1,556名

�得 先輩ママたちの声！

◆実際に受験をされた方からのアドバイスです。
ぜひ参考にしてください。

お茶の水女子大学附属小学校

・保護者面接ではうまく答えられず、不合格を覚悟しましたが、2次試験は何とか合格することができました。保護者面接は内容だけではなく、保護者の姿勢なども観るものではないかと思います。

・説明会に参加し、学校の方針や教育内容を充分に理解し、納得した上で受験された方がよいと思います。

・考査時間が約3時間なので、待っている間、ひざ掛けや本などを持っていくとよいと思います。移動には大きな袋があると便利です。紺色の無地のものなどを準備しておくとよいと思います。

・入試は行動観察がメインでしたので、日々の躾が大切だと感じました。説明会で学校案内を販売していましたが、購入しておくと、参考になってよいと思います。

・保護者面接ではアンケートをもとに質問されました。かなり突っ込んだ質問をされるので、アンケートの内容については注意が必要です。

・1次抽選から2次考査まで時間がないので、1次抽選に合格してから準備するのではなく、あらかじめ準備をしておいた方がよいと思います。

・1次検定の抽選後、2次の手続きを行う際に45分程度でアンケート記入がありました。内容は「地球環境を守るためにご家庭で行っている取り組みは何ですか。お子さまはどのように参加されていますか（400字）」というものでした。記入は時間ギリギリになってしまいました。

・第1次検定の抽選後のアンケートでは、通っている保育園または幼稚園の住所を記入します。転居等で複数の園に在籍した場合は、両方の住所と在園期間を明記する必要があります。

お茶の水女子大学附属小学校

過去問題集

〈はじめに〉

　　現在、少子化が叫ばれているにもかかわらず、私立・国立小学校の入学試験には一定の応募者があります。入試は、ただやみくもに学習するだけでは成果を得ることはできません。志望校の過去における出題傾向を研究・把握した上で、練習を進めていくこと、試験までに志願者の不得意分野を克服していくことが必須条件です。そこで、本問題集は小学校を受験される方々に、志望校の出題傾向をより詳しく知って頂くために、出題頻度の高い問題を結集いたしました。最新のデータを含む精選された過去問題集で実力をお付けください。

　　また、志望校の選択には弊社発行の「2021年度版　首都圏・東日本　国立・私立小学校　進学のてびき」「2021年度版　首都圏　国立小学校入試ハンドブック」をぜひ参考になさってください。

〈本書ご使用方法〉

◆出題者は出題前に一度問題を通読し、出題内容などを把握した上で、〈 準 備 〉の欄に表記してあるものを用意してから始めてください。

◆お子さまに絵の頁を渡し、出題者が問題文を読む形式で出題してください。問題を読んだ後で、絵の頁を渡す問題もありますのでご注意ください。

◆「分野」は、問題の分野を表しています。弊社の問題集の分野に対応していますので、復習の際の目安にお役立てください。

◆問題番号右端のアイコンは、各問題に必要な力を表しています。詳しくは、アドバイス頁（ピンク色の1枚目下部）をご覧ください。

◆一部の描画や工作、常識等の問題については、解答が省略されているものがあります。お子さまの答えが成り立つか、出題者が各自でご判断ください。

◆〈 時 間 〉につきましては、目安とお考えください。

◆解答右端の［〇年度］は、問題の出題年度です。［2020年度］は、「2019年の秋から冬にかけて行われた2020年度入学志望者向けの考査で出題された問題」という意味です。

◆学習のポイントは、指導の際にご参考にしてください。

◆【おすすめ問題集】は各問題の基礎力養成や実力アップにご使用ください。

〈本書ご使用にあたっての注意点〉

◆文中に この問題の絵は縦に使用してください。 と記載してある問題の絵は縦にしてお使いください。

◆〈 準 備 〉の欄で、クレヨンと表記してある場合は12色程度のものを、画用紙と表記してある場合は白い画用紙をご用意ください。

◆文中に この問題の絵はありません。 と記載してある問題には絵の頁がありませんので、ご注意ください。なお、問題の絵の右上にある番号が連番でなくても、中央下の頁番号が連番の場合は落丁ではありません。

　下記一覧表の●が付いている問題は絵がありません。

問題1	問題2	問題3	問題4	問題5	問題6	問題7	問題8	問題9	問題10
					●		●		
問題11	問題12	問題13	問題14	問題15	問題16	問題17	問題18	問題19	問題20
	●	●	●						
問題21	問題22	問題23	問題24	問題25	問題26	問題27	問題28	問題29	問題30
			●						
問題31	問題32	問題33	問題34	問題35	問題36	問題37	問題38	問題39	問題40
	●								

2020年度の最新問題

問題1	分野：口頭試問（常識）	知識 話す

〈 準 備 〉　なし

〈 問 題 〉　（問題1の絵を見せて）
　　　　　　①それぞれの道具の名前と何に使うかを言ってください。
　　　　　　②たりないものはありますか。それは何ですか。

〈 時 間 〉　各1分

〈 解 答 〉　省略

[2020年度出題]

 学習のポイント

当校はノンペーパーの入試を行います。その中心はこのような口頭試問です。口頭試問とほかの学校で行われているペーパーテストの違いは、答えを出すまでの過程も観察されることでしょう。この問題でも②のような問題は過程を観察されています。「～だから～です」と理由を含めて答えられればよいですが、「～です」と答えてしまうと「それはなぜですか」と質問を重ねられてしまいます。それでもよいと言えばよいのですが、評価は違ってきます。チェックされるのは知識だけでなく、コミュニケーション能力も含まれると考えれば当然のことです。なお、①「じょうろ」「スコップ」「植木鉢」という言葉がわからないと②の問に進まないこともあったようです。その時点で失格ということでしょう。

【おすすめ問題集】
　新口頭試問・個別テスト問題集、Ｊｒ・ウォッチャー27「理科」、55「理科②」

問題2　分野：口頭試問（推理）

〈 準 備 〉　天秤、おもり（同じものを4個）

〈 問 題 〉　**この問題は絵を参考にしてください。**
（問題2の絵のように天秤におもりを載せて）
どうすれば天秤は釣り合うと思いますか。おもりを載せてみてください。

〈 時 間 〉　1分

〈 解 答 〉　省略

[2020年度出題]

 学習のポイント

シーソーの問題です。推理分野の問題ですから、答えに理由があった方が評価はよいでしょう。つまり、なんとなく正解するよりは「反対側に同じ重さのおもりを載せれば釣り合う」と考えたことがわかる答えの方が評価は高いのです。テスターはお子さまの動きからそのあたりのことを観察します。おもりを何度も載せ替えたり、考え込んでしまうと正解しても「〇」とはならないと思ってください。問題の内容が簡単になればなるほど過程、つまり答え方の比重が高くなるのは、口頭試問形式のテストにはよくあることです。また、多数の志願者が受験する試験ですから、取りこぼしもできません。イメージとは違い、本来は入念な準備が必要な入試なのです。

【おすすめ問題集】
新口頭試問・個別テスト問題集、Ｊｒ・ウォッチャー33「シーソー」

問題3　分野：口頭試問（お話作り）

〈 準 備 〉　なし

〈 問 題 〉　（問題3の絵を見せて）
①女の子は何をしていますか。
②女の子はどんな気持ちですか。

〈 時 間 〉　各1分

〈 解 答 〉　省略

[2020年度出題]

家庭学習のコツ① 「先輩ママのアドバイス」を読みましょう！

本書冒頭の「先輩ママのアドバイス」には、実際に試験を経験された方の貴重なお話が掲載されています。対策学習への取り組み方だけでなく、試験場の雰囲気や会場での過ごし方、お子さまの健康管理、家庭学習の方法など、さまざまなことがらについてのアドバイスもあります。先輩ママの体験談、アドバイスに学び、ステップアップを図りましょう！

特に正解というものはないこういった問題でも、「答えにいたるプロセス」「答えの理由」はチェックされれます。正解がないからこそ、答えるまでの「考え」が評価の対象になるとも言えるでしょう。もちろん、観点は「創造性・個性」といったものではなく、「わかるように話す能力」、つまりコミュニケーション能力です。印象に残るようなエキセントリックな話を作る必要はありません。言葉遣いに注意して、相手にわかるように話しましょう。年齢なりのモラルや常識に欠けると判断されるとさすがによくないので、内容にもある程度の配慮をした方がよいとは思いますが、そこをあまり強調されると返って言葉が出てこなくなるお子さまもいるようです。性格や興味の対象を見てからアドバイスしてください。

【おすすめ問題集】
新口頭試問・個別テスト問題集、Ｊｒ・ウォッチャー21「お話作り」

問題4　分野：口頭試問（常識・理科）　　　　　　　　　　　　観察 話す

〈準備〉 木製の玉（４個×３）、金属の玉（１個）、
中に空気が入ったプラスチック製の玉（２個）、
※それぞれは同じ大きさ
※問題４の絵を参考に木製の玉を接着剤でつないでおく
水の入った水槽
※水槽の大きさは適宜、適量の水をあらかじめ入れておく

〈問題〉 **この問題は絵を参考にしてください。**
（３種類の玉を見せて）
①水に浮くのはどれだと思いますか。
（問題４の右の絵のように「木製の玉」を水に浮かべて）
②金属の玉を水に浮かせるにはどのようにしますか。

〈時間〉 １分

〈解答〉 省略

[2020年度出題]

 学習のポイント

実験ふうの楽しそうな問題ですが、「どうしてそうなのか」と聞かれると大人でも答えにくい問題です。何が水に浮いて、何が沈むかということの原理は、説明したところでお子さまにはまだわからないでしょう。つまり、この問題は考えるというよりも、似たような経験があるかをチェックしている問題なのです。対策としては日々の生活の中で経験を積むこと、保護者の方はお子さまが興味をもったことがあれば説明する、体験の機会を設けるといったことになるでしょう。最低限、過去の問題に取り上げられているような常識に関しては、理科に関するものを含めて体験・経験をさせておきましょう。小学校受験の問題のほとんどは生活体験やそこで得た知識から出題されるのです。

【おすすめ問題集】
新口頭試問・個別テスト問題集、Ｊｒ・ウォッチャー27「理科」、55「理科②」

問題5 分野：行動観察   聞く 集中

〈準備〉 問題5の絵を枠線で切り離しておく。
    ※この問題は20人のグループで行う。

〈問題〉 ①先生のところへ来てカードを1枚選んでください。
    ②カードに描いてある動物の真似をしながら歩いてください。
    ③同じ真似をしている人に会ったら手をつないでください。
    ④手をつないでいる人が5人になったら先生のところに来てください。

〈時間〉 適宜

〈解答〉 省略

[2020年度出題]

 学習のポイント

問題6につながる行動観察の課題です。特に難しいところはないので、指示を理解してその通りに行動すれば問題ありません。動物の真似がへたでも構わないので、できるだけ早くグループになってください。人見知りをするというお子さまでも、こうした課題では四の五の言わずに行動するということ。極端にコミュニケーションができない、苦手と思われると、優れた才能があってもそれだけで不合格ということになりかねません。当校の入試全体にも言えることですが、協調性とコミュニケーション能力はすべての課題でチェックされています。逆に現時点の学力はどうでもよい、というわけではありませんが、ある程度「のびしろ」も含めて判断されるのです。

【おすすめ問題集】
    新運動テスト問題集、Jr・ウォッチャー28「運動」、
    Jr・ウォッチャー29「行動観察」

家庭学習のコツ② 「家庭学習ガイド」はママの味方！

問題演習を始める前に、試験の概要をまとめた「家庭学習ガイド（本書カラーページに掲載）」を読みましょう。「家庭学習ガイド」には、応募者数や試験科目の詳細のほか、学習を進める上で重要な情報が掲載されています。それらの情報で入試の傾向をつかみ、学習の方針を立ててから、対策学習を始めてください。

4   2021年度 お茶の水 過去

※この問題は問題5にひきつづいて行ってください。

問題6　分野：行動観察　　　　　　　　　　　　　　　　　　　　　　聞く｜協調

〈準　備〉　パズル（20ピース程度のもの、完成させると城の絵が現れる）、
　　　　　　ブロック（適宜）
　　　　　　※この問題は5人のグループで行う。

〈問　題〉　**この問題の絵はありません。**
　　　　　　①パズルをみんなで完成させてください。
　　　　　　②絵に描かれているものをブロックで作ってください。
　　　　　　　できたら手を挙げてください。

〈時　間〉　適宜

〈解　答〉　省略

[2020年度出題]

 学習のポイント

問題5の後に取り組む行動観察の課題です。指示は細かくなく、しかも明確なのですんなり行うことのできる課題ではないでしょうか。指示はありませんが、作業をする際は自然と役割分担ができるでしょうから、お子さまの性格に合う役割で行動してください。無理をしてリーダーになる必要もありませんし、意見を遠慮して言わないといったことをしなくてもよいということです。行動観察では目立ったり、競争に勝つといったことはそれほど評価されません。学校としては「年齢相応のコミュニケーションができる、協調性のある児童」を求めているので、おとなしい性格でも活発でも構わないのです。特に国立小学校では現時点の学力に私立小学校より関心がないので、「協調性」が重視される傾向があります。お子さまは知らなくてもよいですが、保護者の方は心に留めておいてください。

【おすすめ問題集】
　　新口頭試問・個別テスト問題集、Ｊｒ・ウォッチャー29「行動観察」

家庭学習のコツ❸　**効果的な学習方法～問題集を通読する**

過去問題集を始めるにあたり、いきなり問題に取り組んではいませんか？　それでは本書を有効活用しているとは言えません。まず、保護者の方が、すべてを一通り読み、当校の傾向、ポイント、問題のアドバイスを頭に入れてください。そうすることにより、保護者の方の指導力がアップします。また、日常生活のさまざまなことから、保護者の方自身が「作問」することができるようになっていきます。

〈準　備〉 　青い画用紙（問題7の絵のようにあらかじめ線を引いておく）、白い画用紙
　　　　　　（問題7の絵のようにあらかじめ線を引いておく）、クレヨン、
　　　　　　スティックのり、ハサミ

〈問　題〉 　**この問題は絵を参考にしてください。**
　　　　　　①「骨」を作ります。はじめに先生の周りに集まってお手本を見た後、自分の席
　　　　　　　に戻って作業をしてください。
　　　　　　・青い画用紙を2つに折る。
　　　　　　・枠線に沿ってハサミで切る。
　　　　　　②「クリスマスツリー」を描く紙を作ります。はじめに先生の周りに集まってお
　　　　　　　手本を見た後、自分の席に戻って作業をしてください。
　　　　　　・白い画用紙を2つに折る。
　　　　　　・枠線に沿ってハサミで切る。
　　　　　　・青い画用紙の上に白い画用紙をのりで貼る。
　　　　　　③「クリスマスツリー」を描きます。はじめに先生の周りに集まってお手本を見
　　　　　　　た後、自分の席に戻って作業をしてください。
　　　　　　・クリスマスツリーを白い紙の中央に描く。
　　　　　　・赤い玉（オーナメント）と縞模様の靴下をクリスマスツリーの周りに描くよ
　　　　　　　うに指示がある。

〈時　間〉 　各10分程度

〈解　答〉 　省略

[2020年度出題]

 学習のポイント

当校の入試の制作（工作）はその作業内容が年々簡単になっています。基本的な「切る・
貼る・塗る」という作業が年齢相応にできれば、特に困ることはないでしょう。こうした
作業が上手くないからといって神経質になることはないということです。行動観察の問題
で述べたように「指示の理解と実行」ができていれば問題ないのです。以前は制作物の提
出や発表の仕方にも指示があるなど、作業以外のチェックポイントも多かったのですが、
ほとんどなくなっています。こうした問題であれば、本校の入試以外の課題でも充分練習
課題になります。お子さまの作業に不安があるなら、そういった課題で練習してもよいで
しょう。

【おすすめ問題集】
　新口頭試問・個別テスト問題集、実践 ゆびさきトレーニング①②③
　Ｊｒ・ウォッチャー23「切る・貼る・塗る」

問題8　分野：面接（保護者）

〈準　備〉　なし

〈問　題〉　**この問題の絵はありません。**
　　　　　・志願者（子ども）の氏名・生年月日・住所。
　　　　　・入学してからの通学方法、および時間。
　　　　　・公共の交通機関の使用にあたり、指導していること。
　　　　　・両親ともに働いているか。
　　　　　（はいの場合）勤務形態（フルタイムかパートか）。
　　　　　・（共働きの保護者に対し）平日の保護者会やイベントに出席・協力できるか。
　　　　　・志願者に兄弟・姉妹はいるか。
　　　　　（はいの場合）兄弟・姉妹の通学先（公立・私立）。
　　　　　・受験するにあたって、犠牲にしたこと。
　　　　　・（アンケートに記入する）作文に関して、質問はありますか。
　　　　　・同じクラスの保護者から、クラスにいじめがあるらしいとメールが来ました。
　　　　　　どのような対応をしますか。
　　　　　・子どもが反抗的な態度をとった時、どうするか。
　　　　　※ほかに、1次抽選時のアンケートを踏まえての補足質問もあり。

〈時　間〉　5～10分程度

〈解　答〉　省略

[2020年度出題]

 学習のポイント

志願者の基本的な情報以外は、どのように答えても特に問題になるものはありません。保護者として、社会人としてのマナーを守っていれば、よほどエキセントリックな受け答えでもしていない限り、評価に影響は与えないのです。「家庭環境に問題がある」「教育に熱心ではない」といった印象を与えなければそれでよい、と考えて気楽に臨んください。
実際の面接では、ここにあるような質問の中からいくつかが選ばれて聞かれます。いずれも基本的な質問ですから、準備しておけば特に問題はないでしょう。また、1次の抽選通過後に保護者アンケート（作文あり）が課され、学校の教育方針などについての考え方が問われます。昨年度の作文課題は**「地球環境を守るためにご家庭で行っている取り組みは何ですか。お子さまはどのように参加されていますか（400字）」**というものでした。

【おすすめ問題集】
　面接テスト問題集、小学校受験の入試面接Q＆A

家庭学習のコツ④　**効果的な学習方法～お子さまの今の実力を知る**

1年分の問題を解き終えた後、「家庭学習ガイド」に掲載されているレーダーチャートを参考に、目標への到達度をはかってみましょう。また、あわせてお子さまの得意・不得意の見きわめも行ってください。苦手な分野の対策にあたっては、お子さまに無理をさせず、理解度に合わせて学習するとよいでしょう。

問題9　分野：口頭試問（常識）　　　　　　　　　　　　　知識 話す

〈 準 備 〉　ブタ、ウシ、ヒツジの鳴き声の音源、音源再生機器

〈 問 題 〉　（問題9の絵を見せて、動物の鳴き声をランダムに再生する）
　　　　　　　今の鳴き声はどの動物の鳴き声ですか。指さしてください。

〈 時 間 〉　各1分

〈 解 答 〉　省略

[2019年度出題]

 学習のポイント

当校の入学試験は、生まれ月ごとにＡＢＣの3つのグループに分けて行われます。問題の
内容はもちろん違いますが、難しさはどのグループも同じですから、グループ分けを意識
した学習は必要ありません（Ａグループだから難しい、Ｃグループだから簡単といったこ
とはないということです）。本問は動物に関する常識分野の問題ですが、動物の鳴き声と
絵に描いてある動物を一致させるという、経験がないと答えることができない問題です。
推理して答えがわかるといったものではなく、年齢相応の常識を持っているかどうかが観
点になります。対策としては、こうした問題の答えを丸暗記させるのではなく、実体験を
することで知識を得ていくの理想的ですが、家庭によっては難しい場合もあるでしょう。
実体験にこだわることなく、メディアも活用しながら、当校の考える「常識」をお子さま
に身に付けさせるようにしてください。

【おすすめ問題集】
　新口頭試問・個別テスト問題集、Ｊｒ・ウォッチャー27「理科」、55「理科②」

問題10　分野：口頭試問（数量）　　　　　　　　　　　　　聞く 話す

〈 準 備 〉　なし

〈 問 題 〉　①上の段を見てください。アメ1つとドーナツ1つをお皿に載せて配りたいと思
　　　　　　　います。何人に配れますか。答えてください。
　　　　　　　②下の段を見てください。1番多いものは何ですか。答えてください。

〈 時 間 〉　各1分

〈 解 答 〉　①3人　②アメ

[2019年度出題]

学習のポイント

数量分野の課題への対策の基本は、それぞれの問題の考え方を理解した上で類題演習を繰り返すことです。ただし、そこで解き方のテクニックやハウツーを覚えるのではなく、数に対する感覚を磨かないと、将来につながる学習になりません。数に対する感覚というと大げさに聞こえますが、「10ぐらいのものならば1目でいくつかわかる」「AとB2つのかたまりがあれば、どちらが多い・少ないかがわかる」といった程度のことです。小学校受験では数字を使わないので、そういった感覚さえあれば充分問題を解くことができるのです。なお、当校の入試は口頭試問形式ですから、答えだけではなく、「3人です」「アメです」と質問に沿った答え方をしましょう。その方が印象はよいはずです。

【おすすめ問題集】
　　新口頭試問・個別テスト問題集、Ｊｒ・ウォッチャー14「数える」、
　　38「たし算・ひき算1」、39「たし算・ひき算2」、40「数を分ける」

問題11　　分野：口頭試問　　　　　　　　　　　　　　　　　　　聞く　考え

〈 準 備 〉　なし

〈 問 題 〉　（問題11の絵を見せて）
　　　　　　「？」では何が起きたと思いますか。答えてください。

〈 時 間 〉　各1分

〈 解 答 〉　省略

[2019年度出題]

学習のポイント

左の絵と右の絵を見て、中央の絵で「描かれるべき場面を想像する」という、お話作りの課題です。こう書いてしまうと難しそうに聞こえますが、実際は右の絵を見て、「どうしてそうなったのかを想像する」だけですから、それほど難しいものではありません。スムーズに答えが出せないようであれば、能力ではなく経験が不足していると考えて、出かける機会を増やしたり、読み聞かせを習慣にするなどしてください。「時間（話）の流れ」を数多く知れば、そこから推測・想像することも自然にできるようになるはずです。なお、ここでの観点は「面白いお話を考える創造性・個性」といったものではなく、「考えたことをわかるように伝える能力」です。無理やり突飛なお話を考える必要はありません。言葉遣いも考えながら、相手にわかるように話すことを心がけてください。

【おすすめ問題集】
　　新口頭試問・個別テスト問題集、Ｊｒ・ウォッチャー21「お話作り」

問題12 分野：口頭試問（言語） 〔観察〕〔話す〕

〈 準 備 〉 なし

〈 問 題 〉 この問題の絵はありません。
今から言う言葉の「逆さ言葉」を言ってください。
「トマト」「スイカ」「クリスマス」「サンタクロース」

〈 時 間 〉 1分

〈 解 答 〉 省略

[2019年度出題]

 学習のポイント

最近の小学校受験では言葉の音（おん）に関する問題が頻出するになりました。しりとりに代表されるような言葉遊びが、さまざまな形で、課題の1つになっています。この問題はその中でももっとも基本的なものでしょう。たとえ知らない言葉が出題されても、音（おん）を聞いておけば答えられるからです。特別な対策も必要ないでしょうが、不安があるようなら、まずは、お子さまに言葉がいくつかの音節できていることを教えてください。例えば「ト・マ・ト」と1音ずつ言えば、難しいことを言わなくても、言葉がいくつかの音で成り立っていることを理解できるでしょう。次に、必要なのは語彙を豊かにすることです。絵を見て「これは〜だ」ということがわかる、という意味での語彙ばかりではなく、日常の会話や物語の中で使われている言葉を自分でも使えるようになるというレベルの語彙を身に付けることを目指してください。

【おすすめ問題集】
新口頭試問・個別テスト問題集、Ｊｒ・ウォッチャー18「いろいろな言葉」、
60「言葉の音（おん）」

問題13 分野：行動観察 〔聞く〕〔集中〕

〈 準 備 〉 なし
※この問題は4人のグループで行う。

〈 問 題 〉 この問題の絵はありません。
①2人ずつに別れて「足ジャンケン」をしてください（数回繰り返す）。
②ピアノの音にあわせて、「たこやき　手遊び」を行う。
・左手でまな板を作り、右手を包丁にして切る。
　「♪タコ切って」
・手を入れ替え、同じ動きをする。
　「♪ネギ切って」
・両手でたまごを割るまねをする。
　「♪たまご割って」
・左手でボウルをつくり、右手は箸を持つような形にして回す。
　「♪混ぜたら」
・両手でまるを作り、左右に傾けて揺らす。
　「♪まるまった　たこやき」　　　（以上を数回繰り返す）

〈 時 間 〉 適宜

〈 解 答 〉 省略

[2019年度出題]

学習のポイント

この行動観察は口頭試問（個別テスト）の待機時に行われたもののようです。時間合わせの意味合いもあるので、評価という面ではそれほど重要視されていないかもしれません。とは言っても試験の課題の1つですから、「指示を理解して、その通りに行動する」という点は守りましょう。①はともかく、②はかなり覚えることもあります。そもそも小学校入試、特に国立小学校入試の行動観察は、何か優れた才能を探し出すというよりは、コミュニケーション能力や常識のない志願者をはじくために行われるもの、というのは言いすぎかもしれませんが、そういったニュアンスが強いテストです。運動能力や想像力を観点としたものではない、ということを保護者の方には理解していただいた上で、お子さまにどう立ち回ればよいのかを教えてください。

【おすすめ問題集】
　　新運動テスト問題集、Ｊｒ・ウォッチャー28「運動」、
　　Ｊｒ・ウォッチャー29「行動観察」

問題14　　分野：行動観察　　　　　　　　　　　　　　　　　　　　　聞く｜協調

〈 準 備 〉　スポンジブロック（適宜）
　　　　　　※この問題は7～8人のグループで行う。

〈 問 題 〉　この問題の絵はありません。
　　　　　　①ブロックを材料にしてお城を作ってください。1人で作っても、お友だちといっしょに作ってもかまいません。
　　　　　　②お城ができたら手を挙げてください。できたら人からみんなに紹介します。

〈 時 間 〉　適宜

〈 解 答 〉　省略

[2019年度出題]

 学習のポイント

前問とは違い、お子さまの行動を観察して、集団行動ができるか、ほかの志願者とうまく意思疎通ができるかなどを観点とした、行動観察の課題です。昨年からどのグループもほぼ同じ課題に取り組むようになりました。この課題の特徴は、①グループになることが任意であること、②作業後に発表があること、です。①に関してはどう考えてもグループで作業した方がよさそうです。協調性がない、人と話ができないといったマイナスの評価を受けにくくなります。②は、積極性が観点です。リーダーシップを無理やりを取ってまで発表する必要はありませんが、そういった流れになれば発表する、少なくとも発表を嫌がったりすることがないようにしてください。かなりの大人数の試験ですから、志願者の細かい感情までフォローしているとはとても思えません。例えば、「引っ込み思案の性格だからそういう行動をするのだ」といった配慮はないという前提で、どのように取り組むかを保護者の方は指導した方がよい、ということです。

【おすすめ問題集】
　　新口頭試問・個別テスト問題集、Ｊｒ・ウォッチャー29「行動観察」

〈準　備〉　ハサミ、ボンド、紙コップ、画用紙、画鋲、クーピー、シール

〈問　題〉　**この問題は絵を参考にしてください。**
　　　　　①「本」を作ります。はじめに先生の周りに集まってお手本を見た後、自分の席に戻って作業をしてください。
　　　　　・画用紙を2つに折り、それぞれの中央で折る。
　　　　　・それぞれにクーピーペンで簡単な絵を描く。
　　　　　・本になるようにボンドで貼り合わせる。
　　　　　②「アオムシ」を作ります。はじめに先生の周りに集まってお手本を見た後、自分の席に戻って作業をしてください。
　　　　　・紙にコップをあてて、クーピーペンで5つ○を書き、ハサミで切り取る。
　　　　　・切り取った5枚の丸い紙を、それぞれ画鋲で画用紙に留める。
　　　　　・青虫の顔を描いて、お尻にゼッケン番号のシールを貼る。
　　　　　③「アオムシ」を作ります。はじめに先生の周りに集まってお手本を見た後、自分の席に戻って作業をしてください。
　　　　　・紙にコップをあてて、4つ○を書き、ハサミで切り取る。
　　　　　・切り取った4枚の丸い紙をそれぞれ画用紙に画鋲で留める。
　　　　　・中央に風車の軸、風車の下に支柱を描く。
　　　　　・白い部分に風景を描く。

〈時　間〉　各10分程度

〈解　答〉　省略

[2019年度出題]

 学習のポイント

①はAグループ、②はBグループ、③はCグループの制作課題ですが、難しさに大きな違いはありません。指示を守ること、道具を正しく使用することになど気を付けて作業してください。逆に言うとそれぐらいしか観点がないので、志願者によって差がつくような課題ではない、ということにもなります。作業に慣れておくことは、ある程度対策になりますが、神経質になることはありません。ですから、お子さまにアドバイスするなら、小手先のことより、「指示の理解と実行」を強調するようにしてくだい。また、作品の出来については、評価にそれほど大きな影響はありません。ていねいに作業をするのはよいことですが、制限時間が守れないと本末転倒です。「時間内に完成させるという指示を守れなかった」という評価になることもありえます。

【おすすめ問題集】
　　新口頭試問・個別テスト問題集、実践 ゆびさきトレーニング①②③
　　Ｊｒ・ウォッチャー23「切る・貼る・塗る」

〈準備〉　あらかじめ、問題16の絵を線に沿ってハサミで切り、6枚の「動物カード」を作っておく。

〈問題〉　① （6枚の「動物カード」の中から1枚を選んで見せる）
・このカードに描かれている動物は、どのような動物ですか。名前を言わずに説明してください。
② （6枚の「動物カード」を並べる）
・このカードに描かれている動物の中から、好きな動物を選んでください。
・どうしてその動物を好きなのですか。教えてください。

〈時間〉　各1分

〈解答〉　省略

[2018年度出題]

学習のポイント

当校の入学試験は、生まれ月ごとにＡＢＣの3つのグループにわけて行われます。出題分野は、全グループ同じですが、問題の内容はそれぞれ違い、男子・女子によって難易度が違うということもありません。この年度は、動物に関する常識分野の問題が、各グループで出題されました。お子さまになじみの深いと思われる動物について、その特徴を知っているか、好きな理由についてを聞きます。口頭での説明を用いて、はじて会う試験官（の先生）に、考えを適切に伝えられるかどうかが観点です。親子や知人とふだん話す時には、単語を並べたり説明を省略したりしても、伝えたい内容はある程度理解してもらえるものですが、初対面の相手に対しては、そのような受け手に頼った話し方ではいけません。試験の場では、主語と述語を使って、相手が理解できる言葉で話すことが大切です。ウサギを例にするなら「その動物は、耳が長いです」「その動物は、ピョンピョン跳ねて、ニンジンが大好きです」というように、「〇〇は、△△です」という形で説明できると、相手にわかりやすいでしょう。ご家庭で練習する際にも、初対面の人に説明する場面を思い浮かべながら、話し方を見直すようにしてください。

【おすすめ問題集】
新口頭試問・個別テスト問題集、Ｊｒ・ウォッチャー27「理科」、55「理科②」

〈 準 備 〉　なし

〈 問 題 〉　（問題17の絵を渡して）
　　　　　　・この絵の中で、してはいけないことをしている子は誰ですか。
　　　　　　・なぜ、それはいけないのですか。

〈 時 間 〉　適宜

〈 解 答 〉　省略

[2018年度出題]

 学習のポイント

動物園でのマナーに関する問題です。してはいけないことを選ぶだけでなく、その理由を相手に伝わるように説明することが求められている点で、難易度の高い問題です。理由を説明する場合には、「状況の説明」と「理由」を組み合わせるとわかりやすくなります。例えば、ライオンのそばで花火をしている場合、「動物園（のように人の多い場所）で花火をしている」という状況に、「危ないから」という理由を組み合わせて、「動物園（のように人の多い場所）で花火をしているのは危ないから」というように答えるのがよいでしょう。その際に気を付けなければいけないのは、「動物園で花火をしているから」のように、状況の説明に「〜から」を加えただけの形で答えてはいけないということです。この表現では、肝心の理由が説明されていません。必ず「危ないから」「迷惑だから」「〇〇だから」のように、直接の理由を答えられるようにしてください。

【おすすめ問題集】
　新口頭試問・個別テスト問題集、Ｊｒ・ウォッチャー56「マナーとルール」

〈 準 備 〉　問題18上段の絵のように、イチゴ５個とクッキー３個をそれぞれ載せたお皿と、イチゴ３個とクッキー３個を載せたお皿を用意する。

〈 問 題 〉　①上の段を見てください。パーティーにイチゴを５個と、クッキーを５個用意しようと思います。お皿の上には、イチゴとクッキーがいくつか載せられています。もう１つのお皿から、足りないものを持ってきてください。
　　　　　　②３匹のネコたちに、アメとチョコレートを分けたいと思います。それぞれ同じ数ずつ分けた時、どれが何個余りますか。

〈 時 間 〉　各１分

〈 解 答 〉　①省略　②アメ：２個　チョコレート：１個

[2018年度出題]

学習のポイント

数量分野の問題では、数を正確にかぞえ、指示通りに操作する力が観られています。①では「合わせて５個になる数」、②では「同じ数ずつ分けた時の余り」が求められていますが、数量の課題としては基本的なものと言えます。口頭試問の形式では、本問のように比較的簡単な内容の課題であっても、思うように解答できないことが懸念されます。例えば、答えを間違えてしまった時に、訂正の仕方がわからなかったり、言い出せなかったりすることがあります。また、指示にすばやく対応しようとして、慌てて失敗してしまうこともあるでしょう。このようなことを避けるためにも、１つひとつの行動をていねいに行うことを心がけてください。指示を聞き終えたら、ひと呼吸入れてから問題に取り組んだり、答えがわかったら確認をしてから答えたりするなど、行動にメリハリをつけるようにするとよいでしょう。

【おすすめ問題集】
　新口頭試問・個別テスト問題集、Ｊｒ・ウォッチャー14「数える」、
　38「たし算・ひき算１」、39「たし算・ひき算2」、40「数を分ける」

問題19 　分野：口頭試問（比較）　　　　　　　　　　　　　　　　　観察 話す

〈 準 備 〉　ビンまたはペットボトル２種類（大２本、小１本）
　　　　　　※あらかじめ、絵を参考にしてジュースを入れておく

〈 問 題 〉　（３本のビンを見せて）
　　　　　　・３本のビンのうち、ジュースが１番多く入っているのはどれだと思いますか。
　　　　　　・どうして、そう思いましたか。

〈 時 間 〉　１分

〈 解 答 〉　省略

[2018年度出題]

 学習のポイント

本問は、Ｂグループで出題されました。比較の問題は、当校の口頭試問でよく出題される分野の１つです。用意されたジュースは一見して量の違いがわかります。だからといって、お子さまにとってその理由を説明することは簡単ではありません。したがって、当たり前のことを相手が納得できるように伝えられるかどうかが、本問の観点の１つだと考えられます。そのためには、順を追って考えを進めるようにしてください。比較の問題の場合は、与えられたものをはじめに観察し、次に共通する部分を確認し、最後に違いの部分に注目して答えを考える、という順で進めます。本問の場合ならば、３本のビンを観察し、ビンの太さが同じであることを確認した上で、水面の高さの違いに注目すると、１番多く入っているビンが見つけられます。このように順を追って考えられれば、あとはそのまま言葉にするだけです。ふだんから身近なものを題材に、それがどのように変化するのかを順を追って考えて、言葉で説明するという一連の流れを繰り返してください。

【おすすめ問題集】
　新口頭試問・個別テスト問題集、Ｊｒ・ウォッチャー15「比較」、58「比較②」

問題20　分野：口頭試問（推理）　　　　　　　　　　　　　　　　　　聞く　話す

〈 準 備 〉　問題20の左のイラストを参考にして５種類の積み木を用意する。

〈 問 題 〉　①（積み木を５つ渡して）
　　　　　　・積み木をすべて使って、できるだけ高く積み上げてください。
　　　　　　・これらの積み木を坂道で転がした時、どの積み木が１番速く転がりますか。
　　　　　　・それはなぜですか。
　　　　　　②（問題20の右の絵を見せて）
　　　　　　・〇、△、□の形のうち、右の葉っぱで隠すことができるのはどれだと思いま
　　　　　　　すか。
　　　　　　・それはなぜですか。

〈 時 間 〉　各１分

〈 解 答 〉　省略

[2018年度出題]

 学習のポイント

　Ａ・Ｃグループで出題された問題です。口頭での推理分野の問題では、与えられた課題に
対して自分の考えを伝え、さらに、その理由を説明します。推理分野の思考に加えて、考
えた理由を順序立てて伝えることが求められるという意味では、かなり難しい問題です。
本問をさらに難しくしているのは、正解が１つではないということです。①の場合、早く
転がるのは、円柱の形をした２つの積み木のうちのどちらかだということはわかります
が、この２つの積み木を同じ高さから転がした時の速さは、実際にはほとんど変わりませ
ん。また、②の〇・△・□の形は、どれも葉っぱで隠すことができます。このような問題
では、正解不正解に関わらず、どのように答えを見つけたかという着眼点と、それをどの
ように説明するかが問われています。お子さまが説明下手だと思われるなら、ふだんの学
習の際にも、あえて正解を確認せず、答えを見つけるまでの筋道を聞き取るような練習を
してみるとよいでしょう。

【おすすめ問題集】
　新口頭試問・個別テスト問題集、Ｊｒ・ウォッチャー31「推理思考」

問題21　分野：口頭試問（言語）　　　　　　　　　　　　　　　　　　観察　話す

〈 準 備 〉　あらかじめ、問題21の絵を線に沿って切り、６枚のカードを作っておく。

〈 問 題 〉　（カードの中から１枚選んで渡す）
　　　　　　・この絵の時、どういう音がすると思いますか。
　　　　　　（６枚のカードを並べる）
　　　　　　・この中から、好きなカードを選んでください。
　　　　　　・選んだカードの言葉を使って、お話を作ってください。

〈 時 間 〉　各１分

〈 解 答 〉　省略

[2018年度出題]

学習のポイント

擬音語や擬態語を使ってお話を作る、言語分野の問題です。言語分野の問題は、例年当校で出題される頻出分野の1つです。擬音語や擬態語の知識はもちろん、それらの言葉を正しく使えるかどうかも観られています。口頭試問の試験問題は、各分野の知識に対して、入試のためのテクニックではなく、進学後の生活にも活きるものとして身に付いているかが重視されるものです。本問のように、「擬音語や擬態語を答える」→「その言葉を使ってお話を作る」という流れは、言葉の知識が正しく身に付いているかをチェックするためには最適な方法と言えるでしょう。小学校入試対策で学んだことは、小学校進学後の学習にもつながっていきます。例えば、擬音語や擬態語を正しく使えることで、物語の情景をより正確にとらえることができ、作文を書く際には、言葉をより適切に使えるようにもなります。言語分野は、特にその傾向が強い分野です。お子さまの小学校進学後の学びに活きることを意識した学習が、そのまま当校の入試対策につながりますので、ふだんの学習もその点を考慮して進めてください。

【おすすめ問題集】
　　新口頭試問・個別テスト問題集、Ｊｒ・ウォッチャー21「お話作り」

問題22　　分野：口頭試問（言語）　　　　　　　　　　　　　　　知識　聞く

〈準　備〉　あらかじめ、問題22の絵を線に沿って切り、8枚のカードを作っておく。

〈問　題〉　（問題22のカードを並べる）
　　　　　　しりとりをします。クマのカードから順番に、カードを並べます。
　　　　　　（クマのカードの隣に、マスクのカードを置く）
　　　　　　クマの最後の音は「マ」なので、「マ」で始まるマスクのカードを置きました。
　　　　　　では、その後につながるように、カードを全部置いてください。

〈時　間〉　2分

〈解　答〉　クマ→マスク→クスリ→リス→スズメ→メダカ→カキ→キュウリ

[2018年度出題]

学習のポイント

指示された通りにカードを並べるしりとりの問題です。それぞれのものの名前を、音の集まりとして理解する言語感覚が要求されています。それぞれのカードはすべて異なる音で始まっているので、ていねいに取り組めば必ず答えられる問題です。本問では、目の前に置かれたクマのカードの隣には、試験官の先生がマスクのカードを置きますが、それ以降のカードはすべてお子さまが置くことになっています。そこを聞き逃して先生がカードを置くのを待ってしまうような失敗をしないように、気を付けてください。また、絵が描かれたカードが前後の問題で使用されているものと似ているからといって、これまでの問題と同じ要領で取り組めばよいと思い込んではいけません。口頭試問の場では、しっかりと指示を聞き取り、よく考え、相手にわかるように話す、という3点を忘れないようにしましょう。

【おすすめ問題集】
　　　新口頭試問・個別テスト問題集、Ｊｒ・ウォッチャー49「しりとり」

問題23　　分野：口頭試問（お話作り）　　考え 話す

〈 準 備 〉　なし

〈 問 題 〉　（問題23の絵を渡す）
　　　　　　クマくんとリスさんは、公園に遊びに来ました。始めは仲良く遊んでいましたが、途中からクマくんとリスさんはケンカを始めてしまいました。

　　　　　　この後どうなったと思いますか。お話を作って私に聞かせてください。

〈 時 間 〉　1分

〈 解 答 〉　省略

[2018年度出題]

学習のポイント

お話作りの問題は、当校では例年出題されています。本問はＣグループに出題された問題です。「公園でクマとリスがケンカをしている」という場面があらかじめ提示されているため、その後のお話を作りやすくなっています。ケンカの後はどうするのがよいのかを考えて、お話を進めていくとよいでしょう。お話作りの問題では、お話の流れを想像しやすいように、いつも簡単なパターンを作ってから考える方法がおすすめです。例えば、お話を3つ程度に分けて、「悲しい顔」→「考える顔」→「うれしい顔」のように場面ごとの表情を決めておき、それにあてはめるようにお話をふくらませていく方法もあります。少し高度になりますが、起承転結にあてはめて考えるのもよいでしょう。このようにお話を想像しやすい型を作り、さまざまなお話を作る練習を通して、自信を持ってお話ができるようにしてください。

【おすすめ問題集】
　　　新口頭試問・個別テスト問題集、Ｊｒ・ウォッチャー21「お話作り」

〈準 備〉 ビニール袋、紙皿、紙コップ、新聞紙、ティッシュ箱、ペットボトル、
ガムテープ、マジックペン、

〈問 題〉 この問題の絵はありません。
① 「猛獣狩りに行こうよ」ゲームをします。
・みんなで歌を歌い、先生の指示に従って、グループを作ります。
・グループの人数は、動物の名前の音の数で決まります。
・ゲームを何回か行います。
② 自由工作
・用意された材料を自由に使って、おもちゃを作ります。
・6人程度のグループを作り、みんなで作るものを決めます。
・おもちゃができたら、グループでみんなに紹介します。

〈時 間〉 適宜

〈解 答〉 省略

[2018年度出題]

 学習のポイント

本年度の行動観察では、各グループがほぼ同じ課題に取り組みました。本問では、ゲーム
に楽しく参加する積極性や、はじてのお友だちといっしょに工作をする際の協調性などが
観られています。この課題では、集団の中でのお子さまの行動を、さまざまな角度から観
ています。リーダーシップをとれる子、みんなのサポートができる子、指示にすばやく従
える子など、お子さまの特徴はさまざまです。お子さまがそれぞれのよさを活かし、集団
での活動が円滑に進められることや、みんなが楽しく活動できることが大切だと、保護者
の方は考えてください。そのために、集団の中でお子さまがどのように行動しているのか
を知り、その特性にあわせて、今後どう行動すればよいのか、困った時にどうすればよい
かなどを、お子さまと話し合っておくとよいでしょう。

【おすすめ問題集】
新口頭試問・個別テスト問題集、Ｊｒ・ウォッチャー29「行動観察」

〈 準 備 〉　ハサミ、ボンド、紙コップ、のり、画用紙、紙テープ（赤）、クーピー

〈 問 題 〉　この問題は絵を参考にしてください。
①「ジェットコースター」を作る。はじめに先生の周りに集まってお手本を見た後、自分の席に戻って作業をする。
　・紙コップをクルクルと切って伸ばし、ジェットコースターのコースを作る。
　・切り込みを入れた画用紙に、切った紙コップのコースを差し込む。
　・画用紙の一部を切り取り、ジェットコースターの絵を描く。
　・ジェットコースターの絵を立てて貼り、風景の絵を描く。
②「すべり台」を作る。はじめに先生の周りに集まってお手本を見た後、自分の席に戻って作業をする。
　・紙コップのフチを2ヶ所切り取って、画用紙の上に逆さまに置く。
　・切り取った紙をつなげて紙コップに貼り付ける。
　・画用紙の一部を切り取り、好きな動物の絵を描く。
　・動物の絵を、すべり台の周りに立てて貼り、風景の絵を描く。
③「トンネルと自動車」を作る。はじめに先生の周りに集まってお手本を見た後、自分の席に戻って作業をする。
　・紙テープを画用紙に貼って、道路を作る。
　・紙コップのフチを2ヶ所切り取って、道路の上に逆さまに置く。
　・画用紙の一部を切り取り、好きな車の絵を描く。
　・車の絵を、トンネルの周りに立てて貼り、風景の絵を描く。

〈 時 間 〉　10分程度

〈 解 答 〉　省略

[2018年度出題]

 学習のポイント

本年度の制作の課題では、すべてのグループが、紙コップを切って簡単な工作をし、それを台紙に貼って風景を描くというものでした。①はAグループ、②はBグループ、③はCグループの課題ですが、それぞれ難しさに大きな違いはありません。制作の課題では、指示通りに作業をすること、道具を正しく使用することは共通する観点となります。ですから、「お手本をよく見て、手順を理解してから作業に取り組む」ということはさらに大切になってきます。保護者の方は、ふだんの練習の際にも手順の説明はていねいに行い、指示を聞く姿勢が身に付くように指導してください。また、作品の出来については、評価にそれほど大きな影響はないと思われますが、お子さまはきれいに、上手に作業を進められるようになると、退屈と思われる作業も積極的に取り組めるようになるものです。お子さまに作業に対する苦手意識があるようならば、それをなくすためにも、ていねいに作業を行うことを忘れないようにしてください。

【おすすめ問題集】
　新口頭試問・個別テスト問題集、実践　ゆびさきトレーニング①②③、
　Jr・ウォッチャー23「切る・貼る・塗る」

〈準備〉　①問題26-1のイラストを参考にして5種類の積み木を用意する。
　　　　②折り紙を11枚用意し、問題26-2のイラストを参考にして、2種類の形で重ね
　　　　　る。
　　　　③問題26-3のイラストを参考にして、箱、ひも（4本、そのうち2本は同じ長
　　　　　さのもの）を用意する。同じ長さの2本のひものうち、1本で箱を結んでお
　　　　　く。

〈問題〉　この問題は絵を参考にしてください。
　　　　①（積み木を5つ渡して）
　　　　・積み木をすべて使って、できるだけ高く積み上げてください。
　　　　・積み木をすべて使って、さっきよりも低く積み上げてください。
　　　　②（2つの重ねた折り紙を見せて）
　　　　・どちらの方が多く折り紙を重ねてあるでしょう。
　　　　③（ひもで結んだ箱とひも3本を見せて）
　　　　・箱を結んであるひもと同じ長さのひもを選んでください。

〈時間〉　各1分

〈解答〉　①省略　②右　③省略

[2017年度出題]

 学習のポイント

当校の入試は生まれ月によってABCの3グループに分けられます。そこで出題される口頭試問は当然グループごとに違う問題ですが、「出題分野は同じテーマ」という形にここ数年で定まってきたようです。ここでは各グループで出題された、「推理」分野の問題を取り上げています。①は「積み木」、②は折り紙を使った「重ね図形」、③ひもの長さを「比較する」問題です。共通するテーマ「推理」であり、年齢相応の思考力を観ていると考えてよいでしょう。内容的にはそれほど難しいものではなく、本書および類書で口頭試問という形に慣れておけばそれほど困ることはありません。ペーパテストのみで対策をしていると「実際にものを動かす」ことで、逆に混乱してしまうケースもあるようです。すでにわかっている（と思われる）問題でも実物を使って答える練習をしておきましょう。

【おすすめ問題集】
　新口頭試問・個別テスト問題集、Jr・ウォッチャー15「比較」、35「重ね図形」

問題27 分野：口頭試問（言語）

〈準 備〉 箱（適宜）、問題27-1、27-2、27-3の絵を枠線に沿ってあらかじめ切り離してカードにしておく。

〈問 題〉 ①（問題27-1の絵を切り分けたものを渡して）
カードを6枚選んでしりとりをしてください。
②（問題27-2の絵を切り分けたものを渡して）
この箱の中に絵を入れると音が出ます。例えば、「バラ」のカードを箱に入れると「バラバラ」という音が出ます（実際に「バラ」のカードを箱に入れた後、「バラバラ」と声を出す）。好きなカードを2枚選んで、どのような音がするか、箱にそのカードを入れてどんな音がするかを言ってください。
③（問題27-3の絵を切り分けたものを渡して）
（「☆」のついたカードを志願者の前に置く）このカードは、「雨の日もあれば」というカードです。このカードの続きは、（「★」のついたカードをその横に置く）「晴れの日もある」というこのカードになります。同じようにカードを1枚選んだ後、その続きのカードを選んで、その2枚のカードがどのような意味なのかを説明してください。

〈時 間〉 各3分程度

〈解 答〉 ①イカ→カサ→サイコロ→ロボット→トラ→ライオン　②③省略

[2017年度出題]

 学習のポイント

ここでは口頭試問の中で、「言語」分野に関する問題をまとめてあります。①は「しりとり」、②は「擬態（音）語」、③は「表現」の問題になります。すべての問題で語彙の豊かさを観られていますが、①②は言葉の音の知識、③は論理的な思考も同時にチェックされていると考えてよいでしょう。もっとも、問われているのは年齢なりの知識・思考です。特別な対策学習は必要ありません。試験間近ならともかく、余裕のある時期ならば、生活の中で、言葉を使ったコミュニケーションをとることを学習につなげましょう。言語分野の問題は、問題の趣旨が「単に言葉の意味」を問うものから、「言葉をどのように使うか」を問うものに変わってきています。それに対応する意味でも、「生活の中で使われる言葉」の学習が重要になってきているのです。なお、②③は特に正解というものはなく、お子さまが理由を述べ、それが妥当なものであれば正解としてください。

【おすすめ問題集】
新口頭試問・個別テスト問題集、17「言葉の音遊び」、18「いろいろな言葉」、49「しりとり」、60「言葉の音（おん）」

22　2021年度 お茶の水 過去

問題28　分野：口頭試問（お話作り）　　　　　　　　　　　　創造｜話す

〈準　備〉　あらかじめ、問題28の絵を枠線に沿って切り離してカードにしておく。

〈問　題〉　カードを３枚選んで、そのカードを使ったお話を作ってください。

〈時　間〉　適宜

〈解　答〉　省略

[2017年度出題]

 学習のポイント

例年出題されている「お話作り」の問題です。今回の問題は比較的自由度が高く、身近なものが描かれているカードを３枚使ってお話を作るという形式です。むろん、自由にお話を作ればよいのですが、あまりにも突飛な展開の話や、整合性のないお話を作るとよい評価は得られないかもしれません。そうしたことがないように、お話作りの練習をすることはもちろんですが、日々の読み聞かせを通して、「お話のストック」を持つようにしましょう。これはお話を丸暗記するという意味ではなく、「起承転結」といったお話の流れを学んで、お話を作る時にその流れにあてはめられるだけの知識を身に付けておくということです。この知識があれば、比較的緊張しやすい口頭試問の場でもそれほど悩むことなくお話が作れるのではないでしょうか。なお、この問題はＡＢＣグループ共通の出題です。

【おすすめ問題集】
　新口頭試問・個別テスト問題集、Ｊｒ・ウォッチャー21「お話作り」
　１話５分の読み聞かせお話集①・②

問題29　分野：制作　　　　　　　　　　　　　　　　　聞く｜創造｜集中

〈準　備〉　画用紙（Ａ４〜Ｂ４程度）、のり、ハサミ、糸（20cm程度）、ビース（ピンク２個、黄色２個）
　　　　　　※あらかじめ問題29-1の絵を太線に沿って切り分けておく。問題29-2の絵は切り抜いておく。

〈問　題〉　「お出かけバッグ」を作る。はじめに先生の周りに集まってお手本を見た後、自分の席に戻って作業する。
　　　　　　①問題29-1の左上の『取手』の部分をハサミで切り取る。
　　　　　　②問題29-1の左下の『木』の部分をハサミで切り取る。
　　　　　　③問題29-1の右の『月』の部分をちぎり取る。
　　　　　　④問題29-2の絵に、①〜③で作ったものをのりで貼り付ける。
　　　　　　⑤ビーズをひもに通し、取手にひもを通した後、両端をちょうちょ結びする。

〈時　間〉　10分程度（制作のみ）

〈解　答〉　省略

[2017年度出題]

学習のポイント

本問はAグループで出題されました。それほど多くの材料を使用しているわけではありません。が、1つひとつの作業に多少のテクニックを必要とする問題です。ただし、お手本が示されますから、制作に慣れたお子さまであれば、作り方をイメージするのはそれほど難しくないでしょう。制作の問題は、技術的な面とともに、指示通りていねいに取り組むことができるかどうかが問われます。なお、どのグループでも「切る」「貼る」「塗る」「ちぎる」といった基本的な作業が問題の要素となっています。作品の完成度はともかく、作業がどの程度できるかは必ず観られていると考えてよいでしょう。試験前に一通りのことは経験しておきましょう。

【おすすめ問題集】
　　実践　ゆびさきトレーニング①②③、Ｊｒ・ウォッチャー23「切る・貼る・塗る」

問題30　分野：制作　　　　　　　　　　　　　　　　　　　聞く｜創造｜集中

〈準　備〉　画用紙（Ａ４〜Ｂ４程度）、のり、ハサミ、毛糸（20cm×1本、3cm×5本）、丸シール（黒2枚、赤1枚）、紙コップ、セロハンテープ
　　　　　※あらかじめ問題30の絵を枠線に沿って切り分けておく。

〈問　題〉　「カエルの池」を作る。はじめに先生の周りに集まってお手本を見た後、自分の席に戻って作業する。
　　　　　①左上の『カエルの顔』をハサミで切り取り、丸シール（黒・2枚）を目の部分に、丸シール（赤）を口の部分に貼る。
　　　　　②『カエルの顔』を紙コップの側面に貼り、紙コップの周りを毛糸で一周させた後、ちょうちょ結びで毛糸の端を留める（『カエル』の完成）。
　　　　　③左下の『葉っぱ』の葉脈の部分に毛糸（3cm×5）をセロハンテープで貼り、『葉っぱ』をちぎり取る（『葉っぱ』の完成）。
　　　　　④右の『サカナ』をハサミで切り取る（『サカナ』の完成）。
　　　　　⑤画用紙に左から『サカナ』、『カエル』、『葉っぱ』を等間隔に置く。

〈時　間〉　10分程度

〈解　答〉　省略

[2017年度出題]

 学習のポイント

本問はBグループで出題されました。立体物を制作するという点で、ほかのグループより少し難易度の高い問題です。こういった難しい作業は、説明を聞き逃すと混乱のもとになります。制作の問題では「お手本や指示をきちんと理解してから、作業をする」というルーティンが重要になってきてます。「自由に制作する」という問題もありますが、結果や手順に関して何らかの指示があるものです。また、手順を守ることが観点となっている場合があります。勘違いをしたまま作業をすることのないよう注意しましょう。

【おすすめ問題集】
　　実践　ゆびさきトレーニング①②③、Ｊｒ・ウォッチャー23「切る・貼る・塗る」

問題31　分野：制作
聞く 創造 集中

〈準　備〉　画用紙（Ａ４～Ｂ４程度）、のり、ハサミ、ピンポン玉、模造紙（15cm×
　　　　　15cm、２枚）、新聞紙（15cm×15cm）、折り紙（黒・１枚）、毛糸（15cm×２
　　　　　本）、紙コップ、セロハンテープ、長方形の箱（15cm×20cm）
　　　　　※あらかじめ問題31の絵を指定の色に塗り、太線に沿って切り分けておく。

〈問　題〉　「おべんとう」を作る。はじめに先生の周りに集まってお手本を見た後、自分の
　　　　　席に戻って作業する。
　　　　　①新聞紙を丸め、それを三角形に折った模造紙で包み、セロハンテープで切れ目
　　　　　　をふさぎ、『オニギリ』を作る。
　　　　　②折り紙（黒）を長方形にちぎり、①で作った『オニギリ』に貼り付ける（『オ
　　　　　　ニギリ』の完成）。
　　　　　③ピンポン玉を模造紙で包み、模造紙をねじった場所を毛糸で固結びして留める
　　　　　　（『アメ玉』の完成）。
　　　　　④問題の上の『箸』、下の『箸置き』をハサミで切り取る。
　　　　　⑤長方形の箱に左から『オニギリ』、『アメ玉』を置く。箱の手前に『箸置き』
　　　　　　『箸』を置き、その横に紙コップを置く。

〈時　間〉　10分程度

〈解　答〉　省略

[2017年度出題]

 学習のポイント

本問はＣグループで出題されました。当校の制作問題では、指示をしっかり聞き、見本を
しっかり見て、その通りにすることが他校よりも重要となってきます。当校は研究校とし
ての一面もありますから、実験的な授業も多くなり、児童の集団への順応性や、理解力を
重要視するからでしょう。お子さまにそのようなことを説明してもわかりません。保護者
の方はふだんから、まず、人の話をきちんと聞くこと、ほかの人の気持ちを想像して行動
するといったことを指導しておきましょう。言い換えればコミュニケーション能力を発達
させるということになりますが、当校の入試に臨む上ではもっとも重要な資質の１つと言
えるでしょう。

【おすすめ問題集】
　　実践　ゆびさきトレーニング①②③、Ｊｒ・ウォッチャー23「切る・貼る・塗る」

問題32　分野：行動観察
聞く 創造 集中

〈準　備〉　牛乳パック、お菓子の空き箱、紙皿（深め・浅め）、ポリ袋（赤・青・緑）、ガ
　　　　　ムテープ、ハサミ、フェルトペン（12色）

〈問　題〉　この問題の絵はありません。
　　　　　※この問題は10人以上のグループで行なう。
　　　　　（準備した材料を渡して）材料を選んで何か作ってください。１人で作ってもお
　　　　　友だちといっしょに作っても構いません。

〈時　間〉　15分程度

〈解　答〉　省略

[2017年度出題]

25　　　　　　　　　　　　2021年度 お茶の水 過去

ＡＢＣグループ共通の問題です。制作というより、集団への順応性と創造力を観点としていると思われます。問題文で「１人で作ってもお友だちといっしょに作っても構いません」と説明されていますが、試験場では机を円形に配置して中央に材料を置くという状況でしたから、協力して作るほうがよいとほとんどのお子さまが感じたのではないでしょうか。ここでは「それでも１人で作品を作る」という姿勢とると、「コミュニケーション能力が豊かではない」と判断されかねません。制作の作業自体はほかの問題で観られていますから、ここでは同じグループで行動を観察される志願者への気遣い・積極性を発揮しましょう。

【おすすめ問題集】
　　実践　ゆびさきトレーニング①②③、Ｊｒ・ウォッチャー23「切る・貼る・塗る」

問題33　分野：口頭試問（比較）　　　　　　　　　　　観察｜話す

〈準備〉　①三角定規２種類（大きさの関係が問題33の絵のようなもの）
　　　　　②皿２枚、直径４〜５cmのリング５個、直径２〜３cmのリング７個
　　　　　　※あらかじめ絵を参考に、皿にリングを載せておく。
　　　　　③積み木（三角柱・円柱・立方体・直方体など）、高さの違う箱２個
　　　　　　※あらかじめ絵を参考に、積み木を積んでおく（低い箱の上に載せる積み木を高くする）。

〈問題〉　　この問題は絵を参考にしてください。
　　　　　①（２枚の三角定規を見せて）
　　　　　　・２つの三角形のうち、大きいのはどちらだと思いますか。
　　　　　　・どうしてそう思いましたか。
　　　　　②（２つの紙皿を見せて）
　　　　　　・２つのお皿のうち、リングが多く載っているのはどちらだと思いますか。
　　　　　　・どうしてそう思いましたか。
　　　　　③（２つの積み木を見せて）
　　　　　　・２つの積み木のうち、高いのはどちらだと思いますか。
　　　　　　・どうしてそう思いましたか。

〈時間〉　各１分

〈解答〉　①右　　②③省略

[2016年度出題]

学習のポイント

例年、口頭試問のテストで出題されている「比較」の問題です。比較するものはグループによって異なりますが、2つのものの長さ、大きさ、高さ、数などを比べるという趣旨はは、ここ数年、変わりません（出題されるのは1題です）。このような、一見しただけで答えられそうな問題であっても、きちんとした判断材料を見つけてから答えることが大切です。一般的に口頭試問形式のテストでは、受験生の答えに対して「どうしてですか」と掘り下げる質問が加えられる場合が多くあります。そのような質問にもしっかり答えられるよう、お子さまに「考えて答える」習慣を付けさせましょう。ふだんから、お子さまの発言に対して「どうして」とたずねるようにするとよいでしょう。お子さまがすぐに「わかんない」などと答えるようであれば、保護者の方もいっしょに考えて答えを探すようにしましょう。

【おすすめ問題集】
　新口頭試問・個別テスト問題集、Ｊｒ・ウォッチャー15「比較」

問題34　分野：口頭試問（図形）　　　　　　　　　　　　観察 考え

〈準　備〉　①あらかじめ問題34-1の絵を点線に沿って切り分けておく。
　　　　　②あらかじめ問題34-2の絵を点線に沿って切り分けておく。

〈問　題〉　この問題は絵を参考にしてください。
　　　　　①（問題34-1の絵を切り分けたものを渡す）
　　　　　◆マークが付いている紙がお手本です。お手本通りに、パズルを完成させましょう。
　　　　　②（問題34-2の絵を切り分けたものを渡す）
　　　　　◆マークが付いている紙の中の枠に合うように、ピースを選んでパズルを完成させましょう。

〈時　間〉　各2分

〈解　答〉　①②省略

[2016年度出題]

 学習のポイント

図形に関する口頭試問は頻出しています。この種の問題は、実際に同じものが用意してあり、それを動かしながら考え、答えていくということ当校入試の基本ですが（本問では実際にパズルのピースを渡されました）、年度によっては絵だけを見て考えなければならない問題も出されています。図形の操作（図形の変化をイメージすること）も、ある程度はできた方がよいでしょう。パズルのピースにしろ、タングラムのような図形のパズルにしろ、選択肢となるものが手で触られるものとは限りません。なお、図形の操作は、まず、基本的な図形の性質、例えば「同じ三角形を組み合わせると四角形を作れる」といったことを教えることから始めてください。その際は説明を暗記させるのではなく、感覚的に理解しているかどうかを基準にすると、後の学習につながります。

【おすすめ問題集】
　新口頭試問・個別テスト問題集、Ｊｒ・ウォッチャー3「パズル」、9「合成」、
　45「図形分割」、54「図形の構成」

〈 準 備 〉　なし

〈 問 題 〉　**この問題は絵を参考にしてください。**
　　　　　①（問題35-1の絵を渡す）
　　　　　　ウサギさんが、お友だちのキツネさんにプレゼントを届けに行きます。道が分
　　　　　かれていますが、ウサギさんはどの道を通ったでしょうか。
　　　　　・道を選ぶたび、どうしてその道を選んだのかを聞く。
　　　　　・池を選んだら、どのようにして渡るのかを聞く。
　　　　　・プレゼントを届けたら、同じ道で帰るよう指示する。
　　　　　②（問題35-2の絵を渡す）
　　　　　　私がこれから言う言葉に合う絵を１つ選んで、指さしてください。そしてそれ
　　　　　がどういう場面なのか、教えてください。
　　　　　・「トントン」
　　　　　・「ガーガー」
　　　　　・「ドキドキ」
　　　　　③（問題35-3の絵を渡す）
　　　　　・雨の日で楽しいと思うことの絵を１つ選んで、指さしてください。それから、
　　　　　どうしてそう思うのか、教えてください。
　　　　　・雨の日で嫌だと思うことの絵を１つ選んで、指さしてください。それから、ど
　　　　　うしてそう思うのか、教えてください。

〈 時 間 〉　各３分程度

〈 解 答 〉　省略

　　　　　　　　　　　　　　　　　　　　　　　　　　　　　　　　　［2016年度出題］

 学習のポイント

　グループごとに、上記①～③のうち１問が出題されました。いずれも明確な「正解」のな
い質問ですので、思ったように答えて基本的に構いません。ただし、なぜそう思うのか、
その理由も相手に伝えられなければなりません。そのような質問に答えられるように練習
をしておきましょう。当校では教育目標として「自主協同」を掲げており、自分で考えて
積極的に行動することが重視されています。附属の幼稚園も同様の方針を掲げており、小
学校入学志願者にも、同園の教育を受けて育ってきた「主張の強い」子どもたちと渡り合
っていくことが求められます。そうしたことから、当校では「思っていることをはっきり
話す」ことのできる子どもを評価すると考えてよいでしょう。お子さまには日常を通じ、
自分の考えを言葉にする練習をさせてください。お子さまが自分の考えを話すためには、
話を最後まで聞いてもらえるという安心感を与えることが大切です。保護者の方は、お子
さまの話を根気強く聞き、お子さまの言い間違いを笑ったり、うまく話せないことを怒っ
たりなどしないようにしてください。なお、上記の質問に加え、子どものプロフィール的
なことをたずねられる場合もあります。通っている幼稚園の名前、学校までどのようにし
て来るか、好きな食べもの、好きな遊びなどを、試験前に確認しておくとよいでしょう。

【おすすめ問題集】
　　新口頭試問・個別テスト問題集、Ｊｒ・ウォッチャー18「いろいろな言葉」

問題36 分野：口頭試問（お話作り）　　　　　　　　　　　　　　創造 話す

〈準　備〉　なし

〈問　題〉　①（問題36-1の絵を見せ、1から順番に指さしながら）
　　　　　　1．カブトムシとクワガタがお散歩に出かけました。
　　　　　　2．しばらく歩いていくと、向こうから3匹のカエルが歩いてきました。カブ
　　　　　　　　トムシとクワガタは、カエルたちについて行ってみることにしました。
　　　　　　3．途中で雨がザーザー降ってきました。カエルたちは大喜びで、ゲロゲロ、
　　　　　　　　ゲコゲコと楽しそうに歌いながら、歩いていきました。
　　　　　　4．雨はすぐに上がりました。カエルたちはお池に着くと、「誰が1番遠くま
　　　　　　　　で跳べるか、競争だ！」と言って、お池の中へ跳び込んでいきました。
　　　　　　ここで質問です。このとき、どんな音がしたと思いますか。
　　　　　　5．カエルたちは、池から上がってくると、今度は「誰が1番高く跳べるか、
　　　　　　　　競争だ！」と言って、咲いていたアサガオの葉っぱをめがけて跳び上がっ
　　　　　　　　ていきました。
　　　　　　さて、この後どうなったと思いますか。お話を作って私に聞かせてください。

　　　　　　②（問題36-2の絵を見せて）
　　　　　　・お風呂の絵と、小さな絵を2つ使って、お話を作ってください。できたら私
　　　　　　　に聞かせてください。

〈時　間〉　適宜

〈解　答〉　省略

[2016年度出題]

 学習のポイント

例年出題されている「お話作り」の問題です（グループごとに内容は異なる。出題は1
問）。明確な「正解」はありません。①では1～5までのお話の流れに沿って、②では指
示を守ってお話を作る必要がありますが、それさえできていれば、どんな内容でも基本的
には問題ないでしょう。「お話作り」の上達のためには、実際に作って話してみることだ
けでなく、絵本や童話、昔話を聞くことも重要です。さまざまなお話を聞くことによっ
て、お子さまはお話の展開・構成のパターンを（意識的ではないにしろ）学び、蓄積して
いきます。お話を作るにあたってはこの蓄積がおおい役立ちますので、できるだけ機会を
作って読み聞かせを行いましょう。なお、お子さまが作ったお話を聞く際には、言い間違
いやお話の不整合を指摘することのないようにしてください。お子さまが萎縮してしまい
ます。

※実際の試験では、①の1～5は紙芝居形式で読み上げられました。

【おすすめ問題集】
　　新口頭試問・個別テスト問題集、Jr・ウォッチャー21「お話作り」
　　1話5分の読み聞かせお話集①・②

問題37 分野：制作

〈 準 備 〉 画用紙（Ａ４〜Ｂ４程度）、のり、ハサミ、毛糸（20cm程度）
※あらかじめ問題37の絵を太線に沿って切り分けておく。

〈 問 題 〉 **この問題は絵を参考にしてください。**
「なかよし手帳」を作る。はじめに先生の周りに集まってお手本を見た後、自分
の席に戻って作業する。
・画用紙を８つに折って、ハサミで切り込みを入れる。
・切り込みを入れた画用紙を折って、本の形にする（問題37の絵を参照）。
・くだものや動物の絵を、点線に沿って切り分ける。
・くだものや動物を、なかよし同士が向かい合わせになるように、手帳に貼る。
・手帳を閉じ、毛糸をひと回りさせてチョウ結びでとじる（できない場合は固結
びでよい）。

〈 時 間 〉 10分程度

〈 解 答 〉 省略

[2016年度出題]

 学習のポイント

当校の工作・巧緻性の課題には「難しい」という定評がありましたが、ここ２〜３年はそ
れほど特徴のあるものとは言えなくなってきました。とは言え、手間を考えると制作の時
間は充分ではありませんので、ある程度の慣れは必要です。ハサミで切る・手でちぎる・
のりで貼る・セロハンテープで貼る・ひもを結ぶ（チョウ結び）・ひもを穴に通すといっ
たよく出る作業については、しっかり練習しておきましょう。また、道具や材料をていね
いに扱うこと、片付けをすることは作業内容に関係なく、基本としてできるようにしてお
いてください。意外と観られていると考えておいた方が無難です。

【おすすめ問題集】
実践 ゆびさきトレーニング①②③、Ｊｒ・ウォッチャー23「切る・貼る・塗る」

問題38 分野：制作

〈 準 備 〉 紙皿（直径15〜20cm程度）、黒の丸型シール２枚、のり、ハサミ、毛糸（20cm
程度）
※あらかじめ、問題38の右のそれぞれの絵を点線に沿って切り分けておく。

〈 問 題 〉 **この問題は絵を参考にしてください。**
「ゆらゆら魚」を作る。はじめに先生の周りに集まってお手本を見た後、自分の
席に戻って作業する。
・紙皿を半分に折って、目のところに黒の丸型シールを貼る。
・ヒレを点線に沿って手でちぎり、紙皿にのりで貼る（問題38の絵を参照）。
・ウロコを点線に沿ってハサミで切り、紙皿に貼る（〃）。
・尾ビレの付け根を毛糸で結わえる（チョウ結び。できない場合は固結びでよ
い）。

〈 時 間 〉 10分程度

〈 解 答 〉 省略

[2016年度出題]

学習のポイント

制作の問題では、たとえ作業が速くても、間違ったものを作ったり、手順を変えてしまったりすれば、よい評価を得られません。指示をしっかり聞き、見本をしっかり見て、その通りにすることが重要です。ふだんから、人の話をきちんと聞けるように練習を進めてください。人の話を聞くことは、小学校入学以降の授業やさまざまな活動を通して学習していくために、とても必要なことです。試験だからということではなく、お子さまの将来のためにしっかりと身に付けさせてあげましょう。その際に重要なのは、保護者の方自身がお子さまの話にきちんと耳を傾けることです。自分の話もしっかり聞いてもらえると思うからこそ、お子さまの方でも人の話も聞くようになるものです。

【おすすめ問題集】
　　実践　ゆびさきトレーニング①②③、Ｊｒ・ウォッチャー23「切る・貼る・塗る」

問題39　分野：制作　　　　　　　　　　　　　　　　　　　聞く 創造 集中

〈準　備〉　花紙（30cm四方程度、黄色・ピンク各１枚）、厚紙（黒・Ａ３程度）、折り紙
　　　　　（黄色）、アイロンビーズ、のり、ハサミ、セロハンテープ

〈問　題〉　**この問題は絵を参考にしてください。**
　　　　　「夏の花火」を作る。はじめに先生の周りに集まってお手本を見た後、自分の席
　　　　　に戻って作業する。
　　　　　・１枚の花紙を手で半分に裂き、片方は棒状にねじり、もう片方はくしゃくしゃ
　　　　　　に丸める。輪にしたセロハンテープで２つをくっつける。…※花火Ａ
　　　　　・もう１枚の花紙の半分を棒状にねじり、もう半分を手で細かく裂く。棒状の方
　　　　　　にビーズを３個通す。…※花火Ｂ
　　　　　・折り紙をハサミで切って三日月と星を１つずつ作り、黒い厚紙にのりで貼る。
　　　　　・花火Ａと花火Ｂを、黒い厚紙にセロハンテープで固定する。

〈時　間〉　10分程度

〈解　答〉　省略

[2016年度出題]

学習のポイント

工作の問題に限ったことではありませんが、試験においては指示を集中して聞くことが非常に重要です。そのために、しっかり準備をした上で自信を持って試験に臨み、落ち着いて指示を聞けるようにしたいところです。工作の問題であれば、道具の使い方のコツをつかんでおくことは大きな自信になります。ご家庭によっては、小さな子や動物がいて、このような作業をさせにくいことがあるかもしれませんが、それではお子さまが道具に慣れることができません。お子さま自身が「やりたい」と思っているときこそ、もっとも成長できる時ですので、お子さまの意欲・創意を削がないように、練習できる場所を作ってみてください。

【おすすめ問題集】
　　実践　ゆびさきトレーニング①②③、Ｊｒ・ウォッチャー23「切る・貼る・塗る」

〈準　備〉　クーピーペン、ゼムクリップ、釣り竿（割り箸の先にひもを結わえ付け、ひもの
　　　　　　先に磁石をつけたもの）２本、模造紙（Ａ１程度）
　　　　　　※あらかじめ問題40の絵を点線に沿って切り分けておく（カードを人数分用意
　　　　　　　する）。
　　　　　　※この課題は15名程度を３つのグループに分けて始める。

〈問　題〉　「魚釣りゲーム」を行う。
　　　　　　・６種類の魚の絵のうち好きなものを選んで、クーピーペンで模様を描く。
　　　　　　・描き終わったら輪郭線に沿って手でちぎり、口のところにクリップを付ける。
　　　　　　・３チーム集まって、全員の魚を模造紙に適宜並べる。
　　　　　　・ゲームの進め方を、３チームの全員で話し合って決める。
　　　　　　・魚釣りゲーム、スタート。

〈時　間〉　適宜

〈解　答〉　省略

[2016年度出題]

 学習のポイント

　Ａグループに出された課題です。本問のようにグループで共通の目標を持って行う活動
は、行動力や協調性などお子さまの性格を観察するのに適しています。まずは先生の指示
をしっかりと聞き、課題に取り組んでください。指示の内容を理解しているか、指示を守
っているか、友だちときちんと話し合っているか、積極的に行動しているか、友だちと協
力しあっているか、友だちの邪魔をしないかなど、評価のポイントは多岐に渡ります。日
頃から、家族とのコミュニケーションや友だちとの遊びを通し、集団の中でのマナーやル
ールを自然に身に付けながら、人を尊重し協力しあうことを学んでいきましょう。本番の
試験では、周囲ははじめて会うお子さまばかりです。日頃から友だちと関わりながら遊べ
るよう、そのような機会を逃さないようにしてください。

【おすすめ問題集】
　　Ｊｒ・ウォッチャー29「行動観察」

お茶の水女子大学附属小学校　専用注文書

年　月　日

合格のための問題集ベスト・セレクション

＊入試頻出分野ベスト3

1st	お話作り

語　彙	話す力
想像力	

2nd	制　作

聞く力	巧緻性

3rd	数　量

聞く力	観察力

口頭試問形式で各分野の基礎問題が出題されます。基礎中心の対策を行ってください。制作はここ数年、作業内容が簡単になっています。基本作業とマナーは身に付けてから試験に臨んでください。

分野	書　名	価格(税抜)	注文	分野	書　名	価格(税抜)	注文
図形	Jr・ウォッチャー3「パズル」	1,500 円	冊	数量	Jr・ウォッチャー39「たし算・ひき算2」	1,500 円	冊
数量	Jr・ウォッチャー14「数える」	1,500 円	冊	数量	Jr・ウォッチャー40「数を分ける」	1,500 円	冊
推理	Jr・ウォッチャー15「比較」	1,500 円	冊	図形	Jr・ウォッチャー45「図形分割」	1,500 円	冊
数量	Jr・ウォッチャー16「積み木」	1,500 円	冊	言語	Jr・ウォッチャー49「しりとり」	1,500 円	冊
言語	Jr・ウォッチャー17「言葉の音遊び」	1,500 円	冊	図形	Jr・ウォッチャー54「図形の構成」	1,500 円	冊
言語	Jr・ウォッチャー18「いろいろな言葉」	1,500 円	冊	常識	Jr・ウォッチャー55「理科②」	1,500 円	冊
記憶	Jr・ウォッチャー19「お話の記憶」	1,500 円	冊	常識	Jr・ウォッチャー56「マナーとルール」	1,500 円	冊
想像	Jr・ウォッチャー21「お話作り」	1,500 円	冊	言語	Jr・ウォッチャー60「言葉の音（おん）」	1,800 円	各　冊
巧緻性	Jr・ウォッチャー23「切る・貼る・塗る」	1,500 円	冊		1話5分の読み聞かせお話集①②	2,500 円	各　冊
常識	Jr・ウォッチャー27「理科」	1,500 円	冊		実践 ゆびさきトレーニング①②③	2,600 円	冊
観察	Jr・ウォッチャー29「行動観察」	1,500 円	冊		小学校受験で知っておくべき125のこと	2,600 円	各　冊
推理	Jr・ウォッチャー31「推理思考」	1,500 円	冊		新 小学校受験の入試面接Q＆A	2,600 円	冊
推理	Jr・ウォッチャー33「シーソー」	1,500 円	冊		新 願書・アンケート文例集500		
数量	Jr・ウォッチャー38「たし算・ひき算1」	1,500 円	冊				

合計		冊	円

（フリガナ）	電　話	
氏　名	FAX	
	E-mail	
住　所 〒　　　－	以前にご注文されたことはございますか。	
	有　・　無	

★お近くの書店、または記載の電話・FAX・ホームページにてご注文をお受けしております。
　電話：03-5261-8951　FAX：03-5261-8953　代金は書籍合計金額＋送料がかかります。
　※なお、落丁・乱丁以外の理由による商品の返品・交換には応じかねます。
★ご記入頂いた個人に関する情報は、当社にて厳重に管理致します。なお、ご購入の商品発送の他に、当社発行の書籍案内、書籍に関する調査に使用させて頂く場合がございますので、予めご了承ください。

日本学習図書株式会社
http://www.nichigaku.jp

日本学習図書株式会社

日本学習図書株式会社

問題 4

木の玉

金属の玉

プラスチックの玉 ○

水槽

②では木の玉が接着剤で下のようにつなげられている。

日本学習図書株式会社

日本学習図書株式会社

日本学習図書株式会社

②切ったものを開き、青い画用紙の上に白い画用紙を貼る。

③白い画用紙にクリスマスツリー、赤い玉、靴下を描く。

青い画用紙

白い画用紙

①点線に沿ってハサミで切る。

問題 9

①

②

日本学習図書株式会社

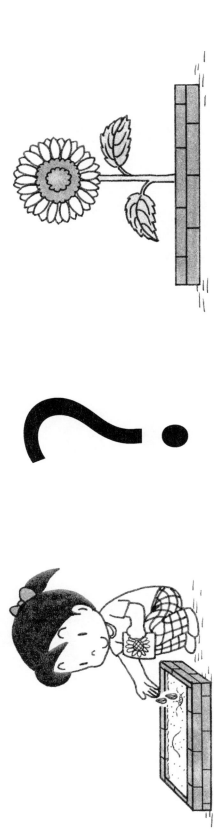

2021 年度　お茶の水　過去　無断複製／転載を禁ずる　　　　日本学習図書株式会社

問題15

①

・画用紙を2分割し、中央で谷折りする

・それぞれの面に簡単な絵を描く

・本になるように貼り合わせる

②

・コップを画用紙にあてて、クーピーペンで5つ◯を書いて切り取る

・指示通りに画用紙に置き、画鋲で留める

・アオムシの顔を描き、尻尾にシールを貼る

③

・コップを画用紙にあてて、クーピーペンで4つ◯を書いて切り取る

・指示通りに画用紙に置き、画鋲で留める

・風車の支柱と軸、周りの風景を描く

日本学習図書株式会社

2021年度　お茶の水　過去　無断複製／転載を禁ずる

日本学習図書株式会社

2021 年度　お茶の水　過去　無断複製／転載を禁ずる

日本学習図書株式会社

問題18

① ②

2021 年度　お茶の水　過去　無断複製/転載を禁ずる　日本学習図書株式会社

2021年度　お茶の水　過去　無断複製／転載を禁ずる　　日本学習図書株式会社

日本学習図書株式会社

日本学習図書株式会社

問題 2 3

日本学習図書株式会社

問題 2 5

③

・紙コップと画用紙を切る

・指示通りに画用紙に置く

・周りに絵を描く

②

・紙コップと画用紙を切る

・指示通りに画用紙に置く

・周りに絵を描く

①

・紙コップと画用紙を切る

・指示通りに画用紙に置く

・周りに絵を描く

- 19 -

日本学習図書株式会社

問題26-1

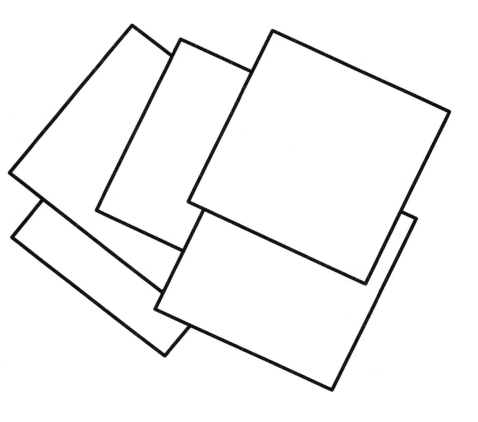

2021年度 お茶の水 過去 無断複製／転載を禁ずる　　日本学習図書株式会社

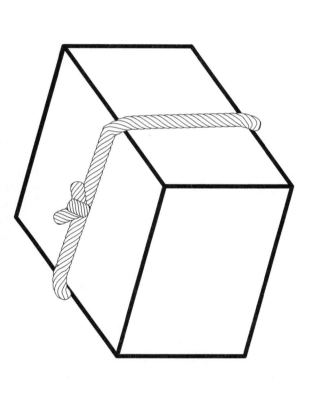

2021年度　お茶の水　過去　無断複製／転載を禁ずる　　日本学習図書株式会社

日本学習図書株式会社

日本学習図書株式会社

日本学習図書株式会社

日本学習図書株式会社

2021年度　お茶の水　過去　無断複製／転載を禁ずる

問題29-2

日本学習図書株式会社

日本学習図書株式会社

①

②

③

日本学習図書株式会社

（パズルのピース）

（お手本）

◆

2021 年度　お茶の水　過去　無断複製／転載を禁ずる　日本学習図書株式会社

（パズルのピース）

（お手本）

日本学習図書株式会社

日本学習図書株式会社

日本学習図書株式会社

2021 年度　お茶の水　過去　無断複製／転載を禁ずる

日本学習図書株式会社

2021年度 お茶の水 過去 無断複製/転載を禁ずる

問題３７

「手帳」の作り方（出題者用）

点線のように折り目を付け、
この部分にハサミで切り込みを入れる。

日本学習図書株式会社

2021年度　お茶の水　過去　無断複製／転載を禁ずる

問題38

「ゆらゆら魚」完成図（出題者用）

日本学習図書株式会社

問題39

「夏の花火」完成図（保護者用）

日本学習図書株式会社

2021年度 お茶の水 過去 無断複製／転載を禁ずる

日本学習図書株式会社

ご記入日 令和　　年　　月　　日

☆国・私立小学校受験アンケート☆

※可能な範囲でご記入下さい。選択肢は〇で囲んで下さい。

〈小学校名〉＿＿＿＿＿＿＿＿＿＿＿＿＿＿＿　〈お子さまの性別〉男・女　　〈誕生月〉＿＿月

〈その他の受験校〉（複数回答可）＿＿＿＿＿＿＿＿＿＿＿＿＿＿＿＿＿＿＿＿＿＿＿＿＿＿＿＿

〈受験日〉①：＿＿月＿＿日〈時間〉＿＿時＿＿分　～　＿＿時＿＿分

　　　　　②：＿＿月＿＿日〈時間〉＿＿時＿＿分　～　＿＿時＿＿分

〈受験者数〉男女計＿＿名（男子＿＿名　女子＿＿名）

〈お子さまの服装〉＿＿＿＿＿＿＿＿＿＿＿＿＿＿＿＿＿＿＿＿＿＿＿

〈入試全体の流れ〉（記入例）準備体操→行動観察→ペーパーテスト

＿＿＿＿＿＿＿＿＿＿＿＿＿＿＿＿＿＿＿＿＿＿＿＿＿＿＿＿＿＿＿＿＿

Eメールによる情報提供
日本学習図書では、Eメールでも入試情報を募集しております。下記のアドレスに、アンケートの内容をご入力の上、メールをお送り下さい。 **ojuken@ nichigaku.jp**

●**行動観察**　（例）好きなおもちゃで遊ぶ・グループで協力するゲームなど

　〈実施日〉＿＿月＿＿日〈時間〉＿＿時＿＿分　～　＿＿時＿＿分〈着替え〉□有　□無

　〈出題方法〉□肉声　□録音　□その他（　　　　　　　　）〈お手本〉□有　□無

　〈試験形態〉□個別　□集団（　　　　人程度）　　　〈会場図〉

　〈内容〉

　　□自由遊び

　　＿＿＿＿＿＿＿＿＿＿＿＿＿＿＿＿＿＿＿

　　□グループ活動

　　＿＿＿＿＿＿＿＿＿＿＿＿＿＿＿＿＿＿＿

　　□その他

　　＿＿＿＿＿＿＿＿＿＿＿＿＿＿＿＿＿＿＿

●**運動テスト（有・無）**　（例）跳び箱・チームでの競争など

　〈実施日〉＿＿月＿＿日〈時間〉＿＿時＿＿分　～　＿＿時＿＿分〈着替え〉□有　□無

　〈出題方法〉□肉声　□録音　□その他（　　　　　　　　）〈お手本〉□有　□無

　〈試験形態〉□個別　□集団（　　　　人程度）　　　〈会場図〉

　〈内容〉

　　□サーキット運動

　　　□走り　□跳び箱　□平均台　□ゴム跳び

　　　□マット運動　□ボール運動　□なわ跳び

　　　□クマ歩き

　　□グループ活動＿＿＿＿＿＿＿＿＿＿＿＿＿＿

　　□その他＿＿＿＿＿＿＿＿＿＿＿＿＿＿＿＿＿

　　　　　　　　　　　　　　　　　　日本学習図書株式会社

●知能テスト・口頭試問

〈実施日〉＿＿月＿＿日 〈時間〉＿＿時＿＿分 ～ ＿＿時＿＿分 〈お手本〉□有 □無

〈出題方法〉 □肉声 □録音 □その他（　　　　　　　） 〈問題数〉＿＿枚＿＿問

分野	方法	内　容	詳　細・イ　ラ　ス　ト
(例) お話の記憶	☑筆記 □口頭	動物たちが待ち合わせをする話	(あらすじ) 動物たちが待ち合わせをした。最初にウサギさんが来た。次にイヌくんが、その次にネコさんが来た。最後にタヌキくんが来た。 (問題・イラスト) ３番目に来た動物は誰か
お話の記憶	□筆記 □口頭		(あらすじ) (問題・イラスト)
図形	□筆記 □口頭		
言語	□筆記 □口頭		
常識	□筆記 □口頭		
数量	□筆記 □口頭		
推理	□筆記 □口頭		
その他	□筆記 □口頭		

日本学習図書株式会社

●制作　（例）ぬり絵・お絵かき・工作遊びなど

〈実施日〉＿＿＿月＿＿日〈時間〉＿＿＿時＿＿分　～　＿＿時＿＿分

〈出題方法〉　□肉声　□録音　□その他（　　　　　　　　）〈お手本〉□有　□無

〈試験形態〉　□個別　□集団（　　　　　人程度）

材料・道具	制作内容
□ハサミ	□切る　□貼る　□塗る　□ちぎる　□結ぶ　□描く　□その他（　　　　　　）
□のり（□つぼ　□液体　□スティック）	タイトル：＿＿＿＿＿＿＿＿＿＿＿＿＿＿＿
□セロハンテープ	
□鉛筆　□クレヨン（　色）	
□クーピーペン（　色）	
□サインペン（　色）□	
□画用紙（□A4　□B4　□A3	
□その他：　　　　　）	
□折り紙　□新聞紙　□粘土	
□その他（　　　　　　　）	

●面接

〈実施日〉＿＿＿月＿＿日〈時間〉＿＿＿時＿＿分　～　＿＿時＿＿分〈面接担当者〉＿＿＿名

〈試験形態〉□志願者のみ（　　）名　□保護者のみ　□親子同時　□親子別々

〈質問内容〉

□志望動機　□お子さまの様子

□家庭の教育方針

□志望校についての知識・理解

□その他（　　　　　　　　　　　　　　　）

（　詳　細　）

・

・

・

・

※試験会場の様子をご記入下さい。

例

校長先生　教頭先生

⊗父　子　⊕母

出入口

●保護者作文・アンケートの提出（有・無）

〈提出日〉　□面接直前　□出願時　□志願者考査中　□その他（　　　　　　　　　）

〈下書き〉　□有　□無

〈アンケート内容〉

（記入例）当校を志望した理由はなんですか（150字）

日本学習図書株式会社

●説明会（□有　□無）〈開催日〉＿＿月＿＿日〈時間〉＿＿時＿＿分　～　＿＿時＿＿分
〈上履き〉　□要　□不要　〈願書配布〉　□有　□無　〈校舎見学〉　□有　□無
〈ご感想〉

●参加された学校行事 (複数回答可)
公開授業〈開催日〉＿＿月＿＿日〈時間〉＿＿時＿＿分　～　＿＿時＿＿分
運動会など〈開催日〉＿＿月＿＿日〈時間〉＿＿時＿＿分　～　＿＿時＿＿分
学習発表会・音楽会など〈開催日〉＿＿月＿＿日〈時間〉＿＿時＿＿分　～　＿＿時＿＿分
〈ご感想〉
※是非参加したほうがよいと感じた行事について

●受験を終えてのご感想、今後受験される方へのアドバイス
※対策学習（重点的に学習しておいた方がよい分野）、当日準備しておいたほうがよい物など

＊＊＊＊＊＊＊＊＊＊＊　ご記入ありがとうございました　＊＊＊＊＊＊＊＊＊＊＊
　必要事項をご記入の上、ポストにご投函ください。

　　なお、本アンケートの送付期限は入試終了後３ヶ月とさせていただきます。また、
入試に関する情報の記入量が当社の基準に満たない場合、謝礼の送付ができないこと
がございます。あらかじめご了承ください。

ご住所：〒＿＿＿＿＿＿＿＿＿＿＿＿＿＿＿＿＿＿＿＿＿＿＿＿＿＿＿＿＿＿＿＿＿＿

お名前：＿＿＿＿＿＿＿＿＿＿＿＿＿＿　メール：＿＿＿＿＿＿＿＿＿＿＿＿＿＿＿

ＴＥＬ：＿＿＿＿＿＿＿＿＿＿＿＿＿＿　ＦＡＸ：＿＿＿＿＿＿＿＿＿＿＿＿＿＿

アンケートのご記入
ありがとうございました

　　　　　　　　　　　　　　　日本学習図書株式会社

分野別 小学入試練習帳 ジュニアウォッチャー

No.	項目	内容
1.	点・線図形	小学校入試で出題頻度の高い「点、線図形」の模写を、難易度の低いものから段階別に編成し、楽しく練習することができるように構成。
2.	座標	図形の位置模写という作業を、難易度の低いものから段階別に練習できるように構成。
3.	パズル	様々なパズルの問題を難易度の低いものから段階別に練習できるように構成。
4.	同図形探し	小学校入試で出題頻度の高い、同図形選びの問題を繰り返し練習できるように構成。
5.	回転・展開	図形などを回転、また展開したときに、形がどのように変化するかを学習し、理解を深められるように構成。
6.	系列	数、図形などの様々な系列問題を、難易度の低いものから段階別に練習できるように構成。
7.	迷路	迷路の問題を繰り返し練習できるように構成。
8.	対称	対称に関する問題を4つのテーマに分類し、各テーマごとに段階別に練習できるように構成。
9.	合成	図形の合成に関する問題を、難易度の低いものから段階別に練習できるように構成。
10.	四方からの観察	もの（立体）を様々な角度から見て、どのように見えるかを推理する問題を段階別に練習できるように構成。
11.	いろいろな仲間	ものや動物、植物の共通点を見つけ、分類していく問題を中心に構成。
12.	日常生活	日常生活における様々な問題を6つのテーマに分類し、各テーマごとに練習できるように構成。
13.	時間の流れ	「時間」に着目し『時間が経過するとどのように変化するのか』ということを学習し、理解できるように構成。
14.	数える	様々なものを『数える』ことから、数の多少の判定や差を学習できるように構成。
15.	比較	比較に関する問題を5つのテーマ（数、高さ、長さ、重さ、体積）に分類し、各テーマごとに段階別に練習できるように構成。
16.	積み木	数える対象を積み木に限定した問題集。
17.	言葉の音遊び	言葉の音に関する問題を5つのテーマに分類し、各テーマごとに練習できるように構成。
18.	いろいろな言葉	表現力をより豊かにするいろいろな言葉として、擬態語や擬声語、反意語、同音異義語、副詞を練習できるように構成。
19.	お話の記憶	お話を聴いてその内容を記憶し、理解し、設問に答える形式の問題集。
20.	見る記憶・聴く記憶	「見て憶える」「聴いて憶える」という『記憶』分野に特化した問題集。
21.	お話作り	いくつかの絵を元にしてお話を作る練習をして、想像力を養うことができるように構成。
22.	想像画	描かれてある形や色を元に、想像力を使って自由に好きな絵を描く想像画の問題に取り組める構成。
23.	切る・貼る・塗る	小学校入試で出題頻度の高い、はさみやのりなどを用いた巧緻性の問題を繰り返し練習できるように構成。
24.	絵画	小学校入試で出題頻度の高い絵画と巧緻性の問題を繰り返し練習できるように構成。
25.	生活巧緻性	小学校入試で出題頻度の高い日常生活の様々な場面における巧緻性の問題集。
26.	文字・数字	ひらがなの清音、濁音、拗音、促音、長音の練習と、数字を1～20までの数字に焦点を絞り、練習できるように構成。
27.	理科	小学校入試で出題頻度が高くなっている理科の問題を集めた問題集。
28.	運動	出題頻度の高い運動問題を種目別に分けて構成。
29.	行動観察	項目ごとに問題提起をし、「このような時はどうか、あるいは絵を見ながらどう対処するのか」考える観点から問いかける形式の問題集。
30.	生活習慣	学校から家庭に置き換えた問題を思って、一問一問絵を見ながら、自分がどう対処するかという形式の問題集。

No.	項目	内容
31.	推理思考	数量、言語、常識（含理科、一般）など、諸々のジャンルから問題を構成し、近年の小学校入試問題傾向に沿って構成。
32.	ブラックボックス	箱や筒の中を通ると、どのように変化するのか、どのような答えが出るのかを思考する基礎的な問題集。
33.	シーソー	重さ比べをシーソーに乗せた時どちらに傾くか、またどうすればつり合うのかを考える基礎的な問題集。
34.	季節	様々な行事や植物などを季節別に分類できるように知識をつける問題集。
35.	重ね図形	小学校入試で頻繁に出題されている「図形を重ね合わせてできる形」について学ぶ、理解する問題を集めました。
36.	同数発見	様々な物を数え「同じ数」を発見し、数の多少の判断や数の認識の基礎を学べる問題集。
37.	選んで数える	数の学習の基本となる、いろいろなものの数を正しく数える学習を行う問題集。
38.	たし算・ひき算1	数字を使わず、たし算とひき算の基礎を身につけるための問題集。
39.	たし算・ひき算2	数字を使わず、たし算とひき算の基礎を身につけるための問題集。
40.	数を分ける	数を等しく分ける問題です。等しく分けたときに余りが出るものもあります。
41.	数の構成	ある数がどのような数で構成されているか学んでいきます。
42.	一対多の対応	一対一の対応から、一対多の対応まで、かけ算の考え方の基礎学習を行います。
43.	数のやりとり	あげたり、もらったり、数の変化をしっかりと学びます。
44.	見えない数	指定された条件から数を導き出します。
45.	図形分割	図形の分割に関する問題集。パズルや合成の分野にも通じる様々な問題を集めました。
46.	回転図形	「回転図形」に関する問題集。やさしい問題から始め、いくつかの代表的なパターンから、段階を踏んで学習できるよう編集されています。
47.	座標の移動	「マス目の指示通りに移動する問題」と「指示された数だけ移動する問題」を収録。
48.	鏡図形	鏡で左右反転させた時の見え方を考えます。平面図形から立体図形、文字、絵まで。
49.	しりとり	すべての学習の基礎となる「言葉」を学ぶこと、特に「語彙」を増やすことに重点をおき、さまざまなタイプのしりとり問題を集めています。
50.	観覧車	観覧車やメリーゴーラウンドなどを題材にした「回転系列」の問題集。「数量」や「推理思考」分野の要素も含みます。
51.	運筆①	鉛筆の持ち方を学び、点線なぞり、お手本を見ながらの模写、線を引く練習など、より複雑な運筆を学びます。
52.	運筆②	運筆①からさらに発展し、「欠所補完」や「迷路」などを楽しみながら、線を引くことを目指します。
53.	四方からの観察 積み木編	積み木を使用した「四方からの観察」に関する問題を繰り返し練習できるように構成。
54.	図形の構成	見本の図形がどのような部分によって形づくられているかを考えます。
55.	理科②	理科的知識に関する問題を集中して扱う常識分野の問題集。
56.	マナーとルール	道路や駅、公共の場でのマナー、安全や衛生に関する常識を学べるように構成。
57.	置き換え	さまざまな具体的・抽象的事象を記号で表す「置き換え」の問題集。
58.	比較②	長さ・高さ・体積・数などを数学的な知識を使わず、論理的に推測する「比較」の問題集。
59.	欠所補完	線と線のつながり、欠けた絵などの欠所を推測し、補完する「欠所補完」の問題集。
60.	言葉の音（おん）	しりとり、決まった順番の音をつなげるなど、「言葉の音」に関する練習問題集です。

◆◆ニチガクのおすすめ問題集 ◆◆
より充実した家庭学習を目指し、ニチガクではさまざまな問題集をとりそろえております!!

サクセスウォッチャーズ（全18巻）

①〜⑱
本体各￥2,200＋税

全9分野を「基礎必修編」「実力アップ編」の2巻でカバーした、合計18冊。

各巻80問と豊富な問題数に加え、他の問題集では掲載していない詳しいアドバイスが、お子さまを指導する際に役立ちます。

各ページが、すぐに使えるミシン目付き。本番を意識したドリルワークが可能です。

ジュニアウォッチャー（既刊60巻）

①〜⑥⓪　（以下続刊）
本体各￥1,500＋税

入試出題頻度の高い9分野を、さらに60の項目にまで細分化。基礎学習に最適のシリーズ。

苦手分野におけるつまずきを、効率よく克服するための60冊です。

ポイントが絞られているため、無駄なく高い効果を得られます。

国立・私立 NEW ウォッチャーズ

言語／理科／図形／記憶
常識／数量／推理
本体各￥2,000＋税

シリーズ累計発行部数40万部以上を誇る大ベストセラー「ウォッチャーズシリーズ」の趣旨を引き継ぐ新シリーズ!!

実際に出題された過去問の「類題」を32問掲載。全問に「解答のポイント」付きだから家庭学習に最適です。「ミシン目」付き切り離し可能なプリント学習タイプ！

実践 ゆびさきトレーニング①・②・③

本体各￥2,500＋税

制作問題に特化した一冊。有名校が実際に出題した類似問題を35問掲載。

様々な道具の扱い（はさみ・のり・セロハンテープの使い方）から、手先・指先の訓練（ちぎる・貼る・塗る・切る・結ぶ）、また、表現することの楽しさも経験できる問題集です。

お話の記憶・読み聞かせ

[お話の記憶問題集]
中級／上級編
本体各￥2,000＋税

初級／過去類似編／ベスト30
本体各￥2,600＋税

1話5分の読み聞かせお話集①・②、入試実践編①
本体各￥1,800＋税

あらゆる学習に不可欠な、語彙力・集中力・記憶力・理解力・想像力を養うと言われているのが「お話の記憶」分野の問題。問題集は全問アドバイス付き。

分野別 苦手克服シリーズ（全6巻）

図形／数量／言語／
常識／記憶／推理
本体各￥2,000＋税

数量・図形・言語・常識・記憶の6分野。アンケートに基づいて、多くのお子さまがつまずきやすい苦手問題を、それぞれ40問掲載しました。

全問アドバイス付きですので、ご家庭において、そのつまずきを解消するためのプロセスも理解できます。

運動テスト・ノンペーパーテスト問題集

新 運動テスト問題集
本体￥2,200＋税

新ノンペーパーテスト問題集
本体￥2,600＋税

ノンペーパーテストは国立・私立小学校で幅広く出題される、筆記用具を使用しない分野の問題を全40問掲載。

運動テスト問題集は運動分野に特化した問題集です。指示の理解や、ルールを守る訓練など、ポイントを押さえた学習に最適。全35問掲載。

口頭試問・面接テスト問題集

新 口頭試問・個別テスト問題集
本体￥2,500＋税

面接テスト問題集
本体￥2,000＋税

口頭試問は、主に個別テストとして口頭で出題解答を行うテスト形式。面接は、主に「考え」やふだんの「あり方」をたずねられるものです。

口頭で答える点は同じですが、内容は大きく異なります。想定する質問内容や答え方の幅を広げるために、どちらも手にとっていただきたい問題集です。

小学校受験 厳選難問集 ①・②

本体各￥2,600＋税

実際に出題された入試問題の中から、難易度の高い問題をピックアップし、アレンジした問題集。応用問題への挑戦は、基礎の理解度を測るだけでなく、お子さまの達成感・知的好奇心を触発します。

①は数量・図形・推理・言語、②は位置・常識・比較・記憶分野の難問を掲載。それぞれ40問。

国立小学校 対策問題集

国立小学校入試問題A・B・C
（全3巻）本体各￥3,282＋税

新 国立小学校直前集中講座
本体￥3,000＋税

国立小学校頻出の問題を厳選。細かな指導方法やアドバイスが掲載してあり、効率的な学習が進められます。「総集編」は難易度別にA〜Cの3冊。付録のレーダーチャートにより得意・不得意を認識でき、国立小学校受験対策に最適です。入試直前の対策には「新 直前集中講座」！

おうちでチャレンジ ①・②

本体各￥1,800＋税

関西最大級の模擬試験である小学校受験標準テストのペーパー問題を編集した実力養成に最適な問題集。延べ受験者数10,000人以上のデータを分析しお子さまの習熟度・到達度を一目で判別。

保護者必読の特別アドバイス収録！

Q＆Aシリーズ

『小学校受験で知っておくべき125のこと』
『小学校受験に関する 保護者の悩みQ＆A』
『新 小学校受験の入試面接Q＆A』
『新 小学校受験願書・アンケート文例集500』
本体各￥2,600＋税

『小学校受験のための
願書の書き方から面接まで』
本体￥2,500＋税

「知りたい！」「聞きたい！」「こんな時どうすれば…?」そんな疑問や悩みにお答えする、オススメの人気シリーズです。

ご注文
お待ち
してます！

書籍についてのご注文・お問い合わせ
☎ 03-5261-8951

http://www.nichigaku.jp
※ご注文方法、書籍についての詳細は、Webサイトをご覧ください。

日本学習図書

検索